오늘도 무사히

오늘도 무사히

죽지 않고 다치지 않고 아프지 않고 일할 권리

1판1쇄 | 2024년 12월 16일

지은이 | 임준

펴낸이 | 정민용, 안중철
편집 | 윤상훈, 이진실

펴낸곳 | 후마니타스(주)
등록 | 2002년 2월 19일 제2002-000481호
주소 | 서울특별시 마포구 신촌로14안길 17, 2층 (04057)
전화 | 편집_02.739.9929/9930 영업_02.722.9960 팩스_0505.333.9960

블로그 | blog.naver.com/humabook
엑스, 페이스북, 인스타그램 | @humanitasbook
이메일 | humanitasbooks@gmail.com

인쇄 | 천일문화사_031.955.8083 제본 | 일진제책사_031.908.1407

값 18,000원

ISBN 978-89-6437-471-9 03300

오늘도 무사히

죽지 않고
다치지 않고
아프지 않고
일할 권리

임준 지음

후마니타스

차례

표 차례

그림 차례

"모든 노동자는 차별 없이 건강해질 권리가 있다"

윤홍식

인하대학교 사회복지학과 교수
복지국가재구조화연구센터장

　'의과대학 입학 정원 확대'로 한국 의료 공급 체계의 민낯이 드러난 현실에서 『오늘도 무사히』는 노동자들이 "죽지 않고 다치지 않고 아프지 않고 일할 권리"를 어떻게 보장할 것인지를 설득력 있게 다루고 있다. 특히, 방향을 잃고 우왕좌왕하는 한국의 의료 체계가 어떤 방향으로 나아가야 하는지를 다룬다는 점에서 현실 문제를 풀어 가는 중요한 지침서가 될 수 있다고 생각한다.

　읽어 보면 느끼겠지만, 이 책이 우리에게 큰 울림을 주는 이유는 저자가 의료 전문가, 현장 활동가, 운동가로서 살아온 삶의 여정에 기반해 있기 때문이다. 의과대학을 졸업하고 전문의가 되면, 풍족한 삶이 보장되는 것은 예나 지금이나 유사하다. 그런 (미래의) 특권을 가진 의예과 2학년 임준이 소년 노동자 문송면 군의 죽음을 목도하고 한걸음에 영결식장에 달려갔던 일화로 시작하는 이 책의 서문은 이후 저자가 어떤 삶을 살아갈지를 예고한다. 『오늘도 무사히』곳곳에 적혀 있는 사례들은 바로 저자가 확신에 차 자신의 주장을 할 수 있는 근거가 된다. 2005년 1월, 경기도 화성에 있는 컴퓨터 부품 제조업체에서 일하던 8명의 태국 여성 노동자가 말초신경병증을 진단받은 사건, 10여 년 전 마석가구단지 등에서 일하는 이주노동자의 실태를 보며 말을 잇지 못했다는 이야기는 많은 사례 중 하나일 것이다. 저자의 이런 이력은 이 책이 단순히 의료 관련 정책을 분석하고 대안을 제시하는 것을 넘어, 우리의 마음 깊은 곳에 다가오는 이유이다.

『오늘도 무사히』는 한국의 의료보장 체계, 구체적으로 산재보험과 건강보험이 노동자를 제대로 보호하지 못하는 현실을 날카롭게 분석한다. 특히, 한국 사회에서 산재보험과 의료 시스템이 자본의 논리와 결탁해 어떻게 노동자의 권리를 축소하고 있는지를 설득력 있게 보여 준다. 이를 통해 저자는 한국의 의료 및 노동자 안전 보장 체계가 공공성과는 거리가 먼 시장 중심의 구조, '사익 추구적 공급 체계'임을 드러낸다.

노동자를 보호하지 못하는 산재보험

『오늘도 무사히』에서 가장 주목할 만한 비판 중 하나는 산재보험 제도가 일반적 기대와 달리 "죽지 않고 다치지 않고 아프지 않고 일할" 노동자의 기본권을 보호하는 데 근본적으로 실패했다는 것이다. 현재 산재보험은 노동자의 안전과 건강을 보장하기보다는, 신청주의와 업무 기인성 입증책임을 노동자에게 떠넘기는 구조다. 이로 인해 많은 노동자는 자신의 산업재해를 제대로 인정받지 못한 채 건강보험으로 치료받거나, 사업주의 산재 신청 거부로 말미암아 아예 보호받지 못하고 있다. 노동자가 과도한 입증책임을 지는 현실은 산재보험이 노동자를 위한 제도가 아니라 기업의 이익을 우선시하는 수단으로 전락했음을 명확히 드러낸다. 특히 저자는 사업주가 산재를 감추는 것을 제도적으로 방지하지 않는 현 구조를 비판하며, 이는 곧 '위험의 외주화'라는 문제로 이어진다고 지적한다. 대기업들은 위험한 업무를 하청 업체에 떠넘기고, 하청 노동자들은 고스란히 그 위험을 감수한다. 이는 김용균 씨 사망 사건에서 명백히 드러난 바 있다. 저자는 이런 위험의 외주화가 산재보험이 제대로 작동하지 않도록 구조적으로 설계되어 있기 때문이고 이는 노동자의 건강 불평등을 심화하는 것으로 이어진다고 말한다. 이 책에서 근본적 개혁이 필요하다고 주장하는 이유이다.

머나먼 의료 공공성

그러면 왜 이런 일이 벌어지고 있는 것일까? 앞서 말했듯이 저자는 그 이유를 한국의 의료 체계가 공공성보다는 시장 논리에 지나치게 치우친 '사익 추구적 공급 체계'이기 때문이라고 진단한다. 그에 따르면 한국의 공공 의료기관 비중은 병상 수 기준으로 10%에도 못 미치고, 대다수의 의료 서비스가 민간 병원에 의존하고 있으며, 이는 가계 의료비 부담을 크게 증가시킨다. 이로 인해 중산층조차 의료비를 감당하지 못해 파산하는 사례가 늘어나고 있으며, 저소득층은 적절한 의료 서비스를 받지 못해 계층 간 건강 불평등이 심화되고 있다는 것이다. 저자가 지적하듯이 이런 현상은 한국의 의료보장 제도가 사회보장의 기본 원칙을 위반한 채, 자본의 이익을 우선시하기 때문이다.

포스트 산업사회에 진입하면서 서구 복지국가들이 산재보험의 급여 수급 인정 방식을 '원인주의적 접근 방식에서 결과주의적 접근 방식으로 전환'하고 있는 데 반해, 한국의 산재보험은 여전히 (기업의 이해를 대변하는) 원인주의적 접근 방식을 고수하고 있는 것이 그 대표적 논거 중 하나다. 특히 대기업 집단이 수출 경쟁력을 확보하기 위해 숙련 노동을 적게 고용하고 자동화를 통해 생산성을 높이는 방식으로 특화되어 있는 한국 생산 체제의 특성은 의료 서비스를 기업의 적정한 이윤 확보를 위한 비용 문제로 다루게 만드는 이유이다. 제조업 제품의 수출을 통해 성장하는 한국 대기업 집단에 가격 경쟁력은 국제시장에서 경쟁력을 확보할 수 있는 유력한 수단이다. 그런데 이를 위해서는 가격 경쟁력에 영향을 미칠 수 있는 임금은 물론이고 노동자의 재생산에 들어가는 일체의 비용을 통제해야 한다. 건강보험의 보장성이 OECD(경제협력개발기구) 국가 평균에 훨씬 못 미치고 의료비 부담을 개별 노동자에게 과도하게 전가하는 한국의 의료보장 체계가 만들어진 이유인 것이다. 그래서 저자는 의료의 공공성을 강화하지 않는다면, 한국 사회에서 공적 규제가 제대로 작동하지 않을 것이며 '사익 추구적 공급 구조'가 계속해서 의료 서비스의 비용을 높이고 계층 간 불평등을 확대할 것이라고 경고한다.

공공성 강화를 위해

『오늘도 무사히』는 한국 사회에서 노동자와 시민의 건강권을 실질적으로 보장하기 위해서는 의료와 산재보험의 공공성 강화를 시급히 추진해야 한다고 주장한다. 의료 서비스의 공공성을 강화하려면, 의료 공급에서 공공 의료기관을 대폭 확대해야 한다. 현재처럼 민간 병원이 시장을 지배하는 구조에서는 의료의 공공성 확보가 불가능하기 때문이다. 또한 (장기적 과제이기는 하지만) 산재보험과 건강보험을 통합해 노동자들이 실질적인 의료 및 건강보장을 받을 수 있는 체계를 구축해야 한다. 이는 단순히 제도의 개혁을 넘어, 한국 사회의 복지와 건강보장 체계가 어떻게 나아가야 하는지에 대한 구체적이고 실질적인 방향성을 제시한 것이라고 할 만하다.

제도를 넘어 복지국가를 바라보는 시각

　　한국 사회의 현실에 관심 있는 독자라면 『오늘도 무사히』
가 단순히 제도 개혁의 요구를 넘어, 한국 복지국가의 근본적
전환이 필요하다는 주장과 마주한다. 무엇을 해야 할까? 저자
의 주장은 단호하다. 앞서 언급했지만, 결국 한국의 의료보장
체계가 노동자와 시민을 제대로 보호하기 위해서는 '사익 추
구적 공급 체계'를 해체하고 의료보장 체계의 공공성을 강화
해야 한다는 것이다. 그리고 그 기저에는 사회경제의 변화에
조응하는 제도의 변화와 함께 한국 사회가 이윤보다는 인권
을 중시하는 사회로 전환해야 한다는 문제 인식이 자리 잡고
있다.

　　어려운 과제다. 하지만 저자의 주장처럼 우리가 함께한다
면, "가고자 하는 방향이 같다면 가는 길의 차이에 대해 공감
하고 공유하는 것도 불가능한 일은 아니다." 의료의 공공성을
강화해야 한다고 생각하는 시민이라면, 한국 사회가 더 나은
사회로 나아가길 바라는 시민이라면, 일독을 권유한다.

서문

오랜 시간이 지났다. 1988년 올림픽 열기가 한창인 어느 여름날이었다. 의예과 2학년이던 난 누군가에게 어린 노동자가 수은중독으로 죽었다는 이야기를 들었다.* 송면이가 일한 공장 근처에서 영결식이 열린다기에 한달음에 달려갔다. 송면이의 앳된 얼굴을 처음 마주했다. 참담했고, 분노가 치밀어 올랐다.

무엇이 잘못된 것일까? 학교에 있어야 할 나이에 왜 공장에서 일을 했을까? 송면이는 왜 죽었을까? 수은중독 때문이라는데, 도대체 어떻게 된 공장이기에 생때같은 아이를 죽음으로 내몰았을까? 정부는 무엇을 하고 있었나? 아무것도 하지

---

* 1988년 7월 2일 15세 문송면 군이 수은중독으로 사망한 사건이 발생했다. 문송면 군은 집안 사정으로 고등학교 진학을 포기하고 1987년 12월 영등포에 소재한 협성계공에 근무했다. 환기 시설이 없는 공장에서 수은 주입 작업과 유기용제 세척 작업을 했던 그는 불면증, 두통 등으로 회사를 휴직했고, 고향집에서 요양하다가 전신 발작을 일으켜 고려대학교 구로병원에 입원한 후 별다른 진단을 받지 못하다가 1988년 서울대학교병원에서 수은중독으로 산재보험 요양 신청을 했다. 그러나 회사는 산재 확인 및 날인을 거부했고, 시민사회의 도움으로 산재 요양 승인을 받았지만 결국 사망했다.

않는 정부라면 왜 존재해야 하나? 꼬리에 꼬리를 무는 질문에 대한 답을 찾지 못한 채 답답한 시간을 보내야 했다.

문송면 군과 같은 비극이 더는 발생하지 않아야 한다는 노동조합과 시민사회의 각성 속에서 전국적으로 수많은 산재 추방 운동 단체가 만들어졌다. 같은 해 7월 원진레이온 투쟁을 위한 대책위 결성을 시작으로 죽지 않고 일할 권리를 달라는 외침이 들불처럼 번져 나갔다.* 노동조합의 산업안전보건 활동이 활성화되었고, 노동조합과 산재 추방 운동 단체의 협력이 강화되면서 급기야 산재추방운동연합을 결성하기에 이르렀다. 내부 갈등 등으로 조직이 오래 유지되지는 못했지만, 노동자 건강 문제를 사회적 의제로 만들기 위한 연대 운동이 가능하다는 걸 보여 주었다.

그러나 2007년 삼성 반도체에 근무했던 황유미 씨가 백혈병으로 사망했다.** 그 뒤로도 안타까운 죽음은 계속되었다.

---

* 팔다리 마비, 언어장애, 기억력 감퇴, 콩팥 기능장애 등 이황화탄소 중독 증상으로 치료받았던 정근복 씨 등 원진레이온 노동자들이 1987년 1월 청와대와 노동부에 진정서를 제출하면서 사건이 세상에 알려지기 시작했다. 1988년 7월에 원진레이온 대책위가 결성되었고, 8월에 원진레이온 직업병 피해자 가족 협의회가 결성되었다. 1991년 김봉환 씨가 사망하면서 137일에 걸친 장례 투쟁이 전개되었고, 이를 계기로 이황화탄소에 대한 업무상 재해 인정 기준안이 만들어졌다. 이후 원진레이온 폐업 투쟁이 전개되어 1993년 공장이 폐업했고, 1999년 6월에 원진녹색병원과 노동환경건강연구소 등이 건립되었다. 이황화탄소에 노출된 원진레이온 노동자의 치료와 보상 업무를 대행하기 위해 원진산업재해자협회가 결성되었고, 지금도 많은 노동자들이 고통받고 있다.

〈산업안전보건법〉을 개정해 노동자들의 알권리가 제도적으로 보장되었지만, 황유미 씨 사건을 통해 일터에서 어떤 물질을 사용하고 있는지를 알아야 할 노동자의 당연한 알권리는 기업 비밀 유지라는 논리에 무시될 수 있음을 확인했고, 그 과정에서 소중한 생명이 빛을 잃었다. 공장에서 사용한 세척제 등에 노출되면서 암 발병으로 이어졌으리라 의심되었지만, 해당 세척제가 어떤 물질로 구성되는지 확인할 도리가 없었다. 노동자의 생명권이라고 할 만한 알권리가 기업의 이윤 논리에 가로막혔다. 이를 옹호하고 지원하는 법과 제도, 그리고 사법부 체계가 노동자를 사지로 몰았다.

문송면 군 사망에서 황유미 씨 사망까지 20년간 무엇이 달라졌나? 왜 노동자는 여전히 일하다 죽어야만 하나? 도대체 〈산업안전보건법〉이 무슨 소용인가? 죽음을 감당해야 하는 노동을 받아들여야 하나? 인권은, 그리고 노동자 권리는 그저

** 2003년 10월 삼성 반도체 기흥공장에 입사했던 황유미 씨는 2005년 5월 구토, 어지럼증 등의 증상이 발생한 후 아주대학교병원에서 급성골수성백혈병 진단을 받고 2007년 3월에 사망했다. 회사는 직업병을 은폐하기 위해 산재 처리를 막았지만, 황유미 씨 가족은 시민사회와 함께 대책위(반도체 노동자의 건강과 인권 지킴이, 반올림)를 구성해 지난한 투쟁을 전개했고, 그 과정에서 삼성 반도체 공장에서 백혈병이 집단으로 발병했다는 사실과 회사의 조직적 은폐가 이루어졌다는 사실을 밝혀냈다. 근로복지공단의 산재 불승인 처분에 맞서 서울행정법원에 소송을 제기했고, 2011년 6월에 산재를 인정받았으며, 황유미 씨가 사망한 지 11년이 지난 2018년 11월에야 회사의 사과를 받았고 회사와 대책위 간의 최종 중재안이 합의되었다.

듣기 좋은 수사에 불과한 것인가?

조금씩 변화의 움직임도 있었다. 유가족을 포함한 많은 활동가들의 헌신적인 노력에 힘입어, 노동자를 죽음으로 내모는 산업재해가 일부 노동자의 문제가 아니라 나의 가족, 동료, 그리고 나 자신에게도 닥칠 수 있는 일상화된 폭력이자 사회적 위험이라는 인식이 점차 확산되었다. 돌아오는 건 메아리뿐이라고 한탄했던 정치권도 서서히 노동자의 절박한 목소리에 귀를 기울였다.

그러던 중 또다시 절망적인 소식이 들려왔다. 2015년과 2016년 인천에서 메탄올에 중독되어 실명한 노동자들의 이야기다.* 이제 선진국의 반열에 올랐다며 자랑하고 수백조 원의 돈이 투자처를 찾지 못해 흘러 다닌다는 대한민국에서 최소한의 안전망도 없이 일을 하다가 젊은 노동자가 실명에 이르렀다. 조그마한 변화라도 감사할 일이라며 스스로 위안 삼기

---

*   2015년 12월부터 이듬해 2월 사이, 삼성전자, LG전자에 스마트폰 부품을 납품하는 3차 하청 업체에서 일하던 노동자 6명에게 메탄올 중독에 의한 급성 시신경 손상, 독성 뇌병변 등의 질환이 발생했다. 노동자들은 하루 12시간 넘게, 아무런 보호 장구 없이 메탄올로 알루미늄 부품을 세척하다가 눈, 피부, 호흡기를 통해 메탄올에 노출되어 실명에 이르렀다. 메탄올은 에탄올보다 독성이 높지만 가격은 에탄올의 3분의 1에 불과해 당시 인천·부천 지역의 부품 공장마다 메탄올을 사용하고 있다는 증언이 나왔다. 6명의 노동자는 20대 중반에서 30대 초반의 청년들로 군대 제대, 대학 휴학 후 단기 '공장 알바'를 하는 이들이 포함돼 있었으며 이들은 일한 지 5일에서 5개월 사이에 사고를 당했다.

엔 일터에서 건강을 잃고 있는 노동자의 희생이 너무 크다.

그리고 또 한 명의 안타까운 죽음! 2018년 12월 11일, 한국서부발전 태안발전본부(태안화력발전)에서 도급 업체인 한국발전기술 소속 노동자인 김용균 씨의 죽음을 목도했다. 그 전날 석탄 이송 벨트컨베이어에서 떨어진 석탄을 치우다가 현장에서 사망한 김용균 씨 사건은 우리 사회의 민낯을 그대로 보여 준 참사였다. 김용균 씨의 죽음 이후 그의 어머니 김미숙 씨와 노동 시민사회의 연대 투쟁 속에서 〈중대재해 처벌 등에 관한 법률〉(〈중대재해처벌법〉)이 제정되었다. 〈산업안전보건법〉의 전면 개정도 이루어졌다. 조금씩 희망이 보이는 듯했다. 그러나 대중의 관심은 서서히 멀어져 갔고, 사법부는 2023년 12월 4일 원청 사업주에 대해 최종적인 면죄부를 부여했다.

김미숙 씨의 절규가 귓가를 맴도는데 책임져야 할 기업과 책임자가 하청 기업의 뒤에 숨는다. 재판부는 〈중대재해처벌법〉이 시행되기 전에 발생했기에 원청 사업주에게 책임을 묻기 어렵다고 한다. 김용균 씨의 희생을 통해 제도적으로 원청에 책임을 물을 길이 열렸으니 그것으로 되었다고 위안을 삼아 보려 해도 편한 숨을 내쉬기가 어렵다. 〈중대재해처벌법〉이라도 제대로 작동해야 할 텐데 검찰은 여전히 원청과 발주처의 최고 책임자에게 형사상 책임을 부과하는 데 주저한다. 아직도 갈 길이 멀다.

벌써 오래전에 시작해야 할 일이었다. 송면이의 얼굴을 보며 다짐했던 기억이 아직도 생생하고, 산업재해를 추방하겠다는 결심이 아직도 뇌리에 각인되어 있는데, 십수 년에 걸쳐 이 분야 공부를 하면서도 조그마한 투쟁의 근거 하나 마련하지 못했다. 외국의 책을 번역하면서 정작 이 땅에서 고통받고 있는 노동자의 목소리는 책으로 쓰지 못했다. 참고할 만한 변변한 책 하나가 없다는 어느 후배의 일침이 아프게 다가온다.

개인적인 고통도 있었다. 오랫동안 참고 견뎌 왔지만 한계에 부딪혔다. 하루하루가 견디기 힘든 시간이었다. 활동가의 삶은 살지 못하지만 그래도 노동자, 민중에게 도움이 되는 사람이 되겠다는 다짐으로 선택한 예방의학자의 삶이 즐거웠다. 그리 윤택하지는 않았지만, 같이 걸어가는 사람들이 있어 행복했다.

그러나 정부가 바뀌면서 살아온 날들이 송두리째 부정당하는 일들이 벌어졌다. 전 정부에서 공공 의료 정책을 지원했던 일들이 겸직 규정 위반이라며 조사를 받고 징계 절차가 진행되면서 삶의 기초가 흔들렸다. 나에게 도덕적 멍에를 씌우는 것을 도저히 받아들일 수 없었다. 20년 넘게 헌신해 온 일들을 더 계속할 자신이 없었다. 학교의 징계를 받아들일 수 없다는 항의로 사직서를 쓰고 한 번도 가본 적 없는 임상 의사의 일을 하게 되었다.

정치적 사건에 따른 탄압이라면 나의 선택에 의한 것이라 받아들일 수 있을지 모르겠지만, 사익을 추구하기 위해 겸직 규정을 위반했다는 조사 결과는 도저히 받아들일 수 없었다. 지금도 사법부를 통해 징계 철회 절차를 밟고 있지만, 징계가 철회되더라도 이미 받은 상처를 회복하기가 쉽지 않을 것 같다. 정권의 이런저런 탄압을 받아 본 적이 없지는 않지만, 이런 모멸감을 느껴 보기는 처음이었다.

빠져나올 수 있을까? 막막한 어둠에 갇혀 처음으로 걸어 온 길을 되돌아봤다. 불평등한 세상에 대해 분노했던 시간들이 나의 인생에서 어떤 의미인지를 되짚어 보았다. 어둠의 장막에 갇혀 헤어나지 못할까 봐 두려웠다. 거의 반년 넘게 굴 안에 갇혀 의미 없는 후회를 해보았다.

그런데 돌아보지 않고 살았던 과거를 하나씩 기억해 내면서 후회는 사라지고 반성과 아쉬움을 경험하기 시작했다. 내가 정의라는 이름으로 울부짖었던 분노의 목소리가 진정 노동자의 삶에 뿌리를 둔 것인지, 평등하고 건강한 노동을 실현하자는 희망의 메시지를 품고 있었는지를 생각하게 되었다. 나의 목소리가 정치적·사회적 욕구를 풀어내기 위한 반테제에 머물러 있었던 것은 아니었는지를 돌아보게 되었다.

미래에 대한 희망을 이야기하지 않고 지금의 고통에 대해 분노만 쏟아 낸다면 그 고통과 상처는 치유될 수 있을까? 문득 분노를 넘어 희망의 언어를 함께 공유해야 한다는 생각을 했다. 나의 고통과 상처로 시작한 고민이지만, 미래를 꿈꾸지 않고서 척박한 현실은 바뀌지 않을 것 같았다. 어떻게 그런 생각에 이르렀을까? 어쩌면 아내, 가족, 친구들의 따뜻한 손길이 있었기에 분노와 좌절에서 머물지 않고, 나와 우리가 같이 숨 쉬고 살 수 있는 길을 찾으려 노력했는지도 모르겠다.

　　모든 노동자가 인간으로서 누려야 할 권리를 누리며 살 수 있는 사회, 노동으로 고통받지 않고 노동 자체가 건강해질 수 있는 미래를 꿈꾸는 건 공허한 낭만도, 희망 고문도 아니다. 구조를 근본적으로 바꾸려는 활동도 중요하겠지만, 가능한 수준에서 정의롭고 건강한 미래에 한 발 한 발 다가갈 방법을 공유하는 것도 중요하다. 분노만으로 이겨내기엔 일상의 삶이 너무 무겁다. 차별과 배제보다 평등과 연대의 힘이 크다는 걸 일상의 삶 속에서 구현해 보지 않고 인간다운 미래로 다가가는 건 훨씬 어려워 보인다.

　　내겐 노동자 건강에 대한 완벽한 이론서를 쓸 재주가 없다. 그럼에도 내가 할 수 있는 수준에서 정리할 수 있다면, 그것이 지금 이 순간에 빛나야 할 노동이 고통으로 변해 버리는 현실을 바꿀 조그마한 무기라도 될 수 있다면, 기꺼이 이 글을 써야겠다.

　　글을 완성하기까지 많은 사람의 도움이 있었다. 이미 언급한 사랑하는 아내가 고통스러운 현실을 버틸 힘과 용기를 주었다. 그리고 사랑하는 가족, 친구들의 지지 덕분에 시작할 수 있었다. 노동자 건강권 활동을 오랫동안 같이해 온 노동건강연대의 전수경 대표가 부족한 글에 활기를 채워 주었다. 후마니타스 편집진의 도움이 없었다면 출간이 불가능했을 것이다. 이 책이 세상에 한 줄기 빛이 될 수 있다면 그건 이 모든 과정에 도움을 주신 분들의 몫이다. 이 책은 나의 시작이지만 끝은 아니다. 누군가 이런 나의 시도에 동참하고 더 많은 무기가 만들어지기를 희망한다.

노동자는 건강한가?

1장

경쟁과 속도가 지배하는 사회에 사는 사람은 행복할까? 유엔 산하 지속발전해법네트워크SDSN에서 공개한 2023년 『세계행복보고서』에 따르면 주관적 행복도가 가장 높은 국가는 핀란드였고, 대한민국은 유엔 회원국 가운데 57위에 불과했다(『한겨레』 2023/03/21). 경제협력개발기구OECD 국가들만 보면, 38개 국가 중 35위로 거의 꼴등에 가깝다. 굳이 이런 순위를 언급하지 않아도 행복은 대한민국의 보통 사람들과 거리가 먼 이야기인 것 같다. 장시간의 노동과 삶의 무게에 짓눌려 '헬 조선'을 부르짖는 청년들의 외침은 우리가 처한 현실을 그대로 웅변해 준다. 일자리라도 있으니 다행이라고 위안 삼을지 모른다. 그러나 전쟁 같은 일터에서 지치고 병들고 쓰러져 가는 삶을 사는 현실은 결코 정상적이지도 지속 가능하지도 않다.

죽음으로 내몰리는 노동자

1980년대를 풍미한 박노해라는 필명의 시인이 있었다.

그의 대표 시집인 『노동의 새벽』에는, "올 어린이날은 / 안사람과 아들놈 손목 잡고 / 어린이대공원에라도 가야겠다며 / 은하수를 빨며 웃던 정형의 / 손목이 날아갔다"로 시작하는 시 「손 무덤」이 있다. 전쟁 같은 노동에 지친 노동자의 삶과 자신의 손마저 잘려 나가는 현실을 그 어떤 통계자료보다도 극적으로 고발한 시로 기억한다.

그런데 시에서 보여 준 노동 현실은 살기가 무척 어려웠던 과거의 이야기에 불과할까? 가끔 텔레비전이나 신문지상에서 화재 폭발 사고나 과로사 이야기를 들어 본 적은 있지만, 정말 보통 사람에게는 거의 일어나지 않는 예외적인 일일까?

통계청 자료에 따르면, 2023년 한 해에 2000명이 넘는 노동자가 일하다가 죽음을 맞이했다. 과거보다 줄었다지만, 여전히 많은 노동자들이 일터에서 희생되고 있다. 통계청에서 발표하고 있는 OECD 회원국의 근로자 10만 명당 치명적 산업재해 수를 비교해 보면, 2020년 기준으로 낮은 그룹에 속한 벨기에, 네덜란드, 스웨덴이 각각 0.1명, 0.3명, 0.5명인 데 반해 한국은 4.6명으로 해당 국가들에 비해 10~40배 많다.*

1960, 70년대나 있을 법한 원시적인 사고로 일터에서 목숨을 잃는 경우도 비일비재하다. 건설 현장에는 여전히 기본적인 안전장치조차 제대로 마련되지 않아 높은 곳에서 떨어져

---

* 통계청의 〈국가통계포털〉KOSIS 중 '국제통계'에서 인용.

유명을 달리하는 경우가 적지 않다. 고소득 국가의 반열에 올랐다고 자평하는 한국에서 고소득 국가의 수십 배가 넘는 노동자가 일터에서 사라지고 있다는 사실을 언제까지 묵인해야 하나?

고용노동부에서 발표한 한국의 산재 사망자 수를 2001년부터 살펴보면, 2009년까지 조금씩 줄어들다가 최근 10년간 정체되고 있다. 사망자 수는 분모가 되는 노동자 수가 많을 경우 정확하게 해석하기 어려울 수 있어서 노동자 1만 명당 사망자 수를 나타내는 산재 사망만인율의 변화를 연도별로 살펴볼 필요가 있는데, 사망만인율도 최근 10년간 정체 현상을 보이고 있다(〈그림 1-1〉 참고).

노동자의 산재 사망 통계를 사업장 규모별로 좀 더 분석해 보면, 노동자 건강이 질적으로 나빠지고 있음이 드러난다. 전체적인 사망만인율의 감소 경향과 달리 5인 미만 소규모 사업장의 사망만인율은 최근 들어 증가했다. 중규모 이상 사업장의 사망만인율과 비교해 그 격차가 커졌다. 산재가 많이 발생하는 소규모 사업장은 원청 기업과 연계되어 하청이나 외주를 받아 운영하는 경우가 대부분이다. 그런데 원청에 해당하는 중규모 이상의 기업에서는 산재가 줄어든 반면, 원청의 일감을 받아서 일하는 하청의 산재가 줄어들지 않고 오히려 나빠진 것은 원청 기업에서 담당했던 위험한 작업이나 공정이 하청이나 외주 업체로 이전된 것은 아닌지 의심해 볼 만하다.

그림 1-1 사업장 규모별·연도별 산재 사망만인율

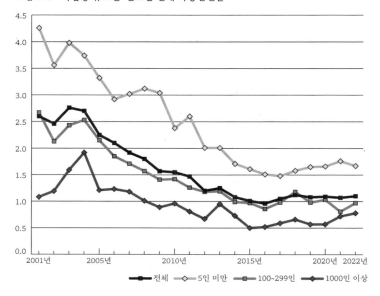

자료: 고용노동부, '사망재해 현황 및 분석-규모별(산업별 중분류)', 「산업재해현황」, 2022, 〈국가통계포털〉(KOSIS), 2024.11.27.(확인일).

김용균 씨 사망 사건에서 여실히 드러난 위험의 외주화와 무관해 보이지 않는다.

어떤 제품이나 서비스를 생산하면서 위험이 발생할 수 있는 공정이나 환경을 개선하는 것은 대기업이나 발주처의 몫이다. 그러나 대기업이나 발주처는 노동조합의 압박과 사회적 압력에도 불구하고 위험을 줄이려고 노력하기보다는 위험이 발생하는 제품이나 서비스의 생산을 하청 업체나 소규모 사업장에 외주를 주면서 책임을 회피하고 있다. 그 과정에서 위험도 외주화된다. 산재를 줄이려는 마음이 사업주에게 있었다면, 위험 공정을 폐기하거나 안전을 보장하는 방향으로 업무 프로세스를 개선해야 할 텐데, 사업주의 선택은 달랐다. 이렇게 위험을 하청 및 용역 업체, 그리고 플랫폼 노동자에게 떠넘긴 결과, 노동자 건강에서 불평등이 커진 것으로 보인다.

그런데 이렇게 심각한 산재 사망도 산재보험의 적용을 받아 통계에 잡힌 경우만 해당하기에 실제 산재 사망 규모는 훨씬 클 가능성이 존재한다. 만약 일과 관련해 질병이 발생하고 사망했는데도 직업병으로 인정받지 못하는 일이 발생한다면, 산재 사망 통계는 전체 산재 사망의 일부에 불과할 수 있다. 이미 삼성 반도체 사건에서 확인했듯이, 많은 노동자가 전쟁 같은 노동으로 내몰리고 있고, 죽음조차도 직업병으로 인정받지 못하고 있다. 일과 죽음의 인과관계가 명확한 사고성 재해조차 거대 자본과 불합리한 제도 및 정책 때문에 산재로 인정을 못 받는 경우가 부지기수이다. 하물며 인과관계를 명확하게 밝혀내기 어려운 직업병으로 인한 사망은 통계조차 잡히지 않을 개연성이 크다.

2021년 노동·시민단체로 구성된 '직업성·환경성 암환자 찾기 119'는 우리나라의 "일반 암 중 직업성 암이 차지하는 비율은 0.06%로 전 세계 평균 4%에 미치지 못한다"면서 '직업성 암

환자' 찾기 활동을 전개한 바 있다.

　IT 노동자의 과로사, 직장 내 괴롭힘으로 인한 정신 질환과 자살 등도 노동자 개인이 소송 등을 통해 인정받은 소수의 사례를 제외하면 산재로 인정받지 못하고 있다. IT 노동자들은 업무가 몰리는 특정 시기에 '크런치 모드'라 불리는 극한의 장시간 노동을 하다가 과로사 또는 과로 자살에 이르는 일이 생기자 2018년 'IT노동자 과로사 대책위'를 구성해 노동시간에 대한 정부의 감독을 촉구한 바 있다. 직장 내 괴롭힘으로 인한 정신 질환과 자살 역시 그 실태를 정확히 알기 어렵다. '직장갑질119'가 2023년 1월부터 11월 20일까지 진행한 상담 중 신원이 확인된 53건에서 자살을 언급하거나 관련 내용이 포함됐다. 이 가운데는 당사자 유족의 제보가 1건, 직장 동료의 자살을 인지 목격했다는 제보가 4건 있었다. 근로복지공단이 용혜인 국회의원에게 제출한 자료에 따르면 2021년 정신 질환으로 인한 사망으로 산재를 신청한 건수는 158건에 달했다.

　택배 노동자의 과로사 또한 사회문제가 되고 있다. 2020년 '택배노동자 과로사 대책위' 조사에 따르면 택배 노동자는 주 71시간 이상 일하며 휴일, 휴가 등을 사용하지 못하고 있다. 국가인권위원회는 2023년 9월 7일, 택배 노동자의 작업환경 개선을 위해 〈산업안전보건법〉 개정 등을 정부에 권고한 바 있다.

빙산의 일각

나는 10여 년 전 산재 사망의 문제점을 다룬 국회 토론회에서 정부 관계자의 말을 듣고 참담함을 느꼈던 적이 있다. 그는 한국이 사망만인율은 높지만 재해율이 다른 OECD 국가들에 비해 높지 않은데, 안전보건 규제로 인해 사업장의 재해율이 OECD 국가의 평균 이상으로 낮아졌음에도 건설 현장 등 중대 재해가 많이 발생하는 사업장에서 산재에 대한 경각심이 낮아 사망 사고가 많기 때문이라고 주장했다. 결국 노동자들이 부주의해 중대 재해가 생기는 것이니 일할 때 정신만 똑바로 차리면 문제가 해결된다고 해석될 수 있는 발언이었다. 산재를 노동자의 부주의에서 찾는 것 자체가 매우 시대착오적이거니와 공식 석상에 나온 정부 관계자가 재해율이 낮은 이유를 전혀 이해하지 못하고 있다는 데에서 참담함을 느꼈다.

현재 한국의 재해율 통계는 실제로 발생한 직업병이나 사고로 말미암은 손상 모두를 반영한 것이 아니라 산재보험으로 인정된 산업재해만을 포함한다. 한국은 서구와 달리 〈산업재해보상보험법〉(《산재보험법》)이 산업재해의 일부만을 보상하고 있기 때문에 이를 기준으로 통계를 생산하면 과소 추정될 수밖에 없다. 실제로 사망이나 중대 재해처럼 〈산재보험법〉의 적용을 받기 쉬운 산업재해는 통계에 잡히지만, 중대 재해

그림 1-2 OECD 국가의 근로자 10만 명당 치명적 산업재해 수

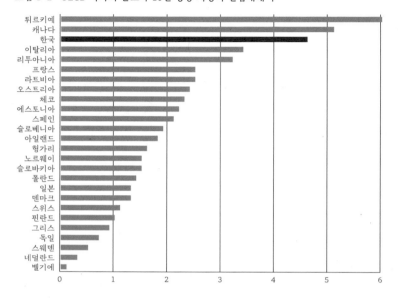

주: 치명적 산업재해는 사고 발생일로부터 1년 이내에 사망이 발생한 산업 사고의 결과이며, 사망 10만인율은 연간 산업재해로 인한 총 사망자 수를 총 근로자 수로 나누어 10만분 비로 나타낸 것이다.
자료: 고용노동부, 「산업재해 현황분석」, 2022; ILO, 〈ILOSTAT〉(https://ilostat.ilo.org), 2024.8. 〈국가통계포털〉(KOSIS), 2024.11.27.(확인일).

가 아닌 산업재해는 〈산재보험법〉을 적용받지 못하는 경우가 많아 통계에 잡히지 않는다. 결국 재해율이 '낮은 것처럼 보이는' 셈이다. 더욱이 업무 관련성이 높다고 알려진 질환의 상당수가 통계에 거의 잡히지 않는다는 점을 고려하면 재해율이 매우 낮게 생성될 수밖에 없다. 그 결과로 OECD 국가들에 비해 사망만인율은 매우 높은데, 재해율은 오히려 낮은 황당한 통계가 나오는 것이다.

산재로 말미암은 사망은 많은데 산재는 많이 발생하지 않는다는 것이 가능한 일일까? 1931년 허버트 윌리엄 하인리히 Herbert William Heinrich가 제시한 하인리히 법칙*을 굳이 따지지 않아도, 사망만인율이 높은 국가에서 산재가 많이 발생한다는 것은 명약관화하다. 통계가 정상적이라면 사망이 많을수록 전체적인 산재 역시 많을 것이고, 따라서 재해율은 사망이 많은 정도로 높게 나타나야 한다.

그런데 한국은 예외다. 〈그림 1-2〉처럼 치명적인 산업재해 수가 다른 OECD 국가에 비해 매우 높음에도 재해율은 낮다. 한국이 국제노동기구ILO 통계에 포함되지 않아 ILO 통계를 통한 직접적인 비교는 어렵지만, ILO 통계에서 2022년 비치명적인 재해 천인율이 프랑스 30.43, 독일 14.96, 스웨덴 6.89인 반면, 한국은 고용노동부 통계에서 치명적인 산업재해를 포함한 재해 천인율이 6.46으로 더 낮음을 확인할 수 있다.

치명적인 산업재해 수는 상당수가 통계에 잡힐 것으로 예상할 수 있다는 점에서 문제는 재해율 통계에 있다. 다시 말해 치명적이지 않은 산재가 통계에 잡히지 않아 재해율이 낮게

---

* 하인리히 법칙은 1931년 하인리히가 펴낸 책 『산업재해 예방: 과학적 접근』Industrial accident prevention: A Scientific Approach에서 소개된 법칙이다. 보험회사에서 일하던 하인리히는 사고 통계를 분석하면서 중대한 산업재해가 1건 발생하려면 그 전에 같은 원인으로 발생한 경미한 산업재해가 29건, 그리고 같은 원인으로 발생한 사고의 징후가 300건 있다는 사실을 밝혔다.

생성되었을 개연성이 크다는 점에서 한국의 재해율은 매우 과소 추정된 통계치일지 모른다. 따라서 현재의 재해율 통계에 근거해 국제 비교를 한다거나 노동자 건강 정책을 생산하는 근거 자료로 활용한다면 잘못된 방향으로 정책이 만들어질 가능성을 배제하기 어렵다. 그래서 우리나라도 산재보험 적용을 기준으로 통계를 생성할 것이 아니라 실제 발생한 업무 관련성 질환이나 손상을 별도로 조사해 통계를 생성해야 한다는 주장이 오래전부터 있어 왔다(김기식 1999).

대다수 노동자들은 현재 고통받고 있는 질병이나 사고로 인한 손상이 일 때문에 발생했는지 아닌지도 모른 채 산재보험이 아니라 건강보험으로 치료받고 있다. 평소 산재에 대한 관심이 많아 근로복지공단에 요양급여*와 휴업급여** 등을 신청했다가 괜한 짓을 했다고 후회하는 경우가 많다. 그만큼 산재 인정을 받기가 어렵다. 내가 책임을 맡아 수행한 국책 연구를

---

*　국민건강보험과 산업재해보상보험에서 지급하는 보험 급여 중 가장 기본적인 급여이다. 여기에는 ① 진찰·검사, ② 약제 또는 치료 재료의 지급, ③ 처치·수술 및 그 밖의 치료, ④ 예방·재활, ⑤ 의료 시설에의 수용(입원), ⑥ 간호, ⑦ 이송 등이 포함되며, 산업재해보상보험의 경우와 기타 고용노동부령으로 정하는 사항도 요양급여의 범위에 속하도록 되어 있다.

**　산업재해보상보험에서 지급하는 보험 급여 중 업무상 사유에 의한 부상 또는 질병으로 취업하지 못한 기간에 대해 평균임금의 70%에 해당하는 금액을 지급하는 제도이다. 서구 복지국가와 달리 한국의 국민건강보험은 산업재해보상보험의 휴업급여에 준하는 상병수당 제도가 없어서 최근 이런 제도를 도입하기 위한 시범 사업을 실시하고 있다.

살펴보면, 산업재해로 인정되어 산재보험으로 치료받은 업무 관련성 손상자 수가 실제 일터에서 다쳤을 것으로 추정되는 전체 업무 관련성 손상자 수의 2.5%에 불과했다(임준 2007). 특수 고용 형태의 노동자나 농민, 자영업자는 산재보험이 잘 적용되지 않기 때문에 이들을 제외하고 업무 관련성을 엄격하게 제한해 분석해 보더라도 산재보험에 누락된 것으로 추정된 업무 관련성 손상자 수는 전체의 35.1%에 이른다. 예를 들어 외래 진료를 통해 해결될 만한 가벼운 찰과상이나 열상裂傷 등은 대부분 건강보험으로 진료를 본다고 해도 과언이 아니고, 입원 진료가 필요한 경우도 산재보험을 통해 진료가 이루어지지 않고 건강보험으로 진료받는 경우가 존재했다.

서구의 사례와 연구 결과에 비추어 볼 때 현재 정부가 매년 발표한 재해율은 현실이 반영되지 않은 허구적인 값에 불과하다. 우리와 산업구조가 비슷한 독일보다 사망 재해는 5배 이상 높으면서 오히려 재해율은 더 낮다고 보고되는 통계를 과연 믿을 수 있을까? 빙산의 일각이라는 말은 산재에 딱 들어맞는 표현이다. 수면 아래로 감추어진 산재 문제를 놔두고 산재를 이야기하는 순간, 모든 정책은 공허한 말잔치가 되고 노동자의 건강권은 쓰레기통에 던져진다.

안전하지도 건강하지도 않은 일터

1) 보건의료 노동자의 일터

산업재해가 산재로 인정받지 못하는 상황이 모든 일터에서 비슷한 수준으로 발생하지 않는다는 것도 문제다. 가령 병의원과 같은 보건의료 부문에 종사하는 노동자들을 보면 쉽게 이해할 수 있다. 병원에서 근무하는 노동자들이 격무에 시달리고 있다는 사실이 코로나19 시기에 부분적으로 알려졌지만, 일반적으로 질병을 치료하는 곳이라는 인상 때문에 병원을 안전한 일터로 여기는 경향이 있다. 그래서인지 현재 한국의 보건의료 노동자들은 산업재해로 인정받기가 매우 어렵다. 정부가 밝히고 있는 의료 부문의 공식적인 재해율은 거의 사무직 수준이다. 실상은 어떨까?

미국의 사례와 비교해 보면 그렇지 않을 가능성이 크다. 미국 직업안전보건청에서 발표한 2022년 통계에 따르면 미국 전체 노동자의 재해율이 3%인 데 반해 병원 부문 노동자의 재해율은 6.1%로 두 배나 높다. 전통적으로 재해율이 높다고 알려져 있는 광업, 제조업, 건설업의 재해율에 해당하는 2.1%, 3.2%, 2.4%보다 훨씬 높은 수준이다. 특히, 다른 산업의 재해율은 감소하는 추세이지만, 보건의료 부문 노동자의 재해율은 정체하거나 심지어 증가하는 경향을 보인다. 근골격계 질환, 감염, 정신 건강 문제 등을 포함해 여러 재해에 시달리는 요양병원 근무 노동자의 재해율은 더 높아서 13.1%에 이른다. 그렇다면 한국만 예외적으로 재해율이 낮다고 말할 수 있을까? 오히려 통계에 잡혀야 할 상당수의 산재 노동자가 산업재해 통계로 잡히지 않고 있다고 보는 것이 합리적인 판단일 것이다.

사실 노동자의 건강이라는 관점에서 볼 때 일터로서 병원은 결코 안전하고 건강한 곳이라고 보기 어렵다. 병원에서 일하는 노동자는 각종 화학물질과 방사선에 노출될 뿐만 아니라, 중량물 취급 및 반복 작업, 불안전하고 부적합한 작업 등에 따른 근골격계 질환에 시달린다. 작업 도구 및 재료 등에 의해 유발되는 업무 관련성 피부염과 천식 등도 다른 일터에서는 보기 어렵지만, 병원 노동자에게는 상대적으로 흔하게 발생한다.

병원에서는 제조업 사업장과 비교해 두 배가 넘는 300여 종 이상의 화학물질이 사용된다. 암과 천식의 유발 인자인 포름알데히드, 호흡기를 자극하는 글루타알데히드, 신경계와 생식기계에 영향을 미치고 암과 백내장 등의 유발 인자인 에틸렌옥시드 가스, 생식기계에 영향을 미치고 암의 유발 인자로 작용하는 항암제 및 인체에 유해한 마취 가스 등이 환자를 진료하고 수술하는 과정에서 빈번하게 사용된다.

병원 노동자들은 방사선, 핵반응 물질 등과 같은 물리적

위험 요인, 각종 미생물과 기생충 등 생물학적 위험 요인 등에
도 노출되어 있다. 이렇게 광범위한 위험 요인에 노출되어 있
는 만큼 적어도 사용한 물질의 유해성 정보는 제공받아야 할
텐데, 이를 병원 노동자에게 제대로 알려 주고 있는지도 미지
수다.

　　좀 더 구체적으로 살펴보면, OECD 국가의 경우 전체 산업
노동자 중 병원에 근무하는 노동자에게 근골격계 질환이 굉장
히 많이 발생하는 것으로 알려져 있다(구정완 2008). 환자 및
기구의 운반, 장시간 기립 등에 의해 근골격계 질환이 발생하
고 있고, 12시간 이상의 교대 노동, 야간 노동, 휴일 노동 때문
에 건강이 나빠지고 있다. 환자 처치 및 수술용 장갑 사용이
보편화되면서 라텍스 알레르기를 호소하는 노동자도 증가하
고 있다. 미국의 경우 민간 부문에 종사하는 노동자 중 업무 관
련성 피부 질환으로 인한 재해율이 2022년 기준으로 1.2%인
데 반해, 병원에서 근무하는 노동자는 2.4%로 2배에 이른다
(OSHA Statistics 2022).

　　병원을 포함해 보건의료 부문에서 일하는 노동자는 제조
업에서 일하는 노동자처럼 상품 생산과정에서 위험에 노출되
어 건강 문제가 발생하는 것이 아니라, 서비스의 생산과 소비
가 동시에 일어나는 지점, 즉 환자에게 진료 서비스를 제공하
는 과정에서 위험에 노출되어 건강 문제가 발생한다. 이렇게
환자와 접촉할 때 발생하는 위험 요인은 전통적인 위험 요인

에 비해 훨씬 다양하고 위험의 성격 또한 다르다. 특히, 지금까지 경험하지 못한 위험 요인에 노출되어 새로운 건강 문제가 발생할 가능성이 크다. 코로나19 시기에 확인했던, 감염에 따른 건강 문제, 환자와 보호자가 가하는 폭력, 그리고 정서적 박탈 등이 그 예라 할 수 있다.

보건의료 노동자는 업무 특성상 감염될 위험이 큰 주삿바늘을 사용하고, 감염이 전파될 가능성이 큰 환자와 접촉하는 과정에서 많은 병원균에 노출될 수 있다. 그런데 이런 위험 요인에 대한 예방이 불가능한 일만은 아니다. 예를 들어 주삿바늘 사고를 예방할 수 있는 다양한 기술적 방법들이 고안되어 있다. 다만 비용 때문에 병원 경영자가 이를 기피하는 경우가 많다는 것이 문제이다. 정부가 제대로 규제하면 줄일 수 있는 문제인 셈이다.

폭력 발생도 예방할 수 있다. 미국의 경우 2018년 기준으로 병원에서 직장 내 폭력으로 인한 재해율이 1만 명당 10.4명이고, 이 수치는 전체 직장 내 폭력의 5배가 넘었다. 이는 직장 내 폭력의 73%가 보건의료 노동자에게 발생하고 있음을 의미하는 결과다(US Bureau of Labor 2020). 그리고 이 중 상당수의 폭력이 환자와 보호자에 의해 자행된다고 알려져 있다. 한국에서도 2019년에 전국보건의료산업노조에서 시행한 '보건의료노동자 실태조사'를 보면, 조사에 참여한 노동자의 69.2%가 폭언을 경험했고, 13%가 폭행, 11.8%가 성폭력을 경험한 것으로 나타났다. 폭력의 주된 가해자는 보호자, 의사 순으로 많았다.

병원 경영자 또는 노동자조차도 환자에 의한 폭력을 당연하게 받아들이는 경향이 있는데, 이는 병원 노동자 개인의 심각한 신체적·정신적 건강뿐만 아니라 환자에게 제공되는 서비스의 질에도 매우 부정적 영향을 미친다. 보건의료 노동자에게 가해지는 이런 폭력은 필요한 인력보다 적은 수의 간호사 인력을 사용해 발생하는 경우가 주를 이룬다. 병원에서 적정 인력만 써도 폭력은 충분히 예방할 수 있다.

이와 함께 보건의료 노동자들이 감정 노동에 시달린다는 점도 잘 알려져 있다. 장시간 노동 및 교대 노동뿐만 아니라 질병으로 고통받는 환자와 접촉하는 과정에서 부정적 스트레스 요인에 노출되는 경우가 많아 정서적 소진이 매우 크다. 보건의료노동자 실태조사를 보면, 조사 대상자의 70.6%가 정서적 소진 상태를 호소할 정도다.

시민의 건강 지킴이 역할을 담당하는 의료기관에서 일하는 노동자라면 안전한 환경과 조건에서 일할 것 같고, 다른 부문에서 일하는 노동자보다 더 건강할 것 같은데, 실제로는 그렇지 못하다. 그 이유는 보건의료 노동자의 대부분이 일하고 있는 병원의 환경이 결코 안전 및 건강에 친화적이지 않기 때문이다. 가장 많은 직종이 일하고 있는 병원은 결코 수평적이지 않고, 의사를 정점으로 위계화되어 있다. 그리고 이런 위계화는 가부장적 조직 문화와 구조적 젠더 차별이 결합되어 더 폭력적일 수 있다. 게다가 질병으로 고통받는 환자를 직접 대면하고 서비스를 제공하는 만큼 어떤 서비스 업종보다 감정 노동의 강도가 강할 수밖에 없다.

이런 구조적 문제는 보건의료 노동자의 건강 문제에 각인되어 나타난다. 그 특성을 정리해 보면, 먼저 성별 문제가 결합해 위계화된 직종 간 갈등이 성폭력을 비롯해 다양한 폭력 문제 및 심각한 정서적 소진을 유발한다. 남성으로 상징되는 의사 직군과 여성으로 상징되는 간호사 직군 간의 갈등 양상이 대표적인데, 의사가 여성이거나 간호사가 남성이라 하더라도 직업으로 각인된 위계적 성별 분업 구조와 이에 따른 갈등은 쉽게 사그라지지 않는다.

또한 한국 보건의료 체계의 구조적 문제가 노동자의 건강 문제에 각인되어 나타난다. 의사 행위 중심의 의료 체계에서 간호를 포함한 서비스 인력은 절대적으로 부족하고, 결국 환자 및 보호자와 간호사 간의 갈등을 유발한다. 이 과정에서 간호사는 환자 및 보호자로부터 직접적인 폭력으로 고통받으며 정서적 소진을 경험한다.

마지막으로 병원의 신자유주의 구조 조정과 의료 사유화 경향이 노동자의 건강 문제를 악화한다. 병원 경영진이 이윤이 나지 않는다는 이유로 반드시 갖추어야 할 필수 부문의 노동 인력을 줄임으로써 필수의료 서비스를 제공하는 노동자의 정서적 소진이 커질 수밖에 없다. 실제로 높은 정서적 소진 상태에 있는 간호사 비율이 다른 나라에 비해 월등히 큰 것으로 알려져 있다.

보건의료 노동자는 환자와 접촉하며 업무를 수행하기에 보건의료 노동자의 건강 문제가 환자의 건강과 밀접하게 관련되기 마련이다. 정서적 소진을 포함한 불건강한 상태에서 이루어진 노동이 좋은 결과로 이어지기는 쉽지 않다. 같은 연구에서 환자의 부작용을 경험한 간호사의 비율이 다른 나라에 비해 월등히 큰 것도 이와 무관하지 않다(김철웅 2010). 내과·외과 등 주요 진료 과목 간호사의 58.8%가 지난 1년간 환자의 낙상 사고를 경험했다는 것은 간호 인력 부족 등 구조적 문제를 감안하더라도 보건의료 노동자의 불건강이 영향을 미칠 수 있음을 의미한다. 정서적 소진 상태가 심각한 상황에서 환자에게 최적의 의료서비스를 제공하기란 애초에 불가능하다. 이처럼 보건의료 부문은 구조적으로 안전보건이 취약한 병원 환경과 질병으로 고통받는 환자와 일상적으로 만나야 하는 특성 등으로 말미암아 노동자의 건강 문제가 발생하고, 이는 곧 환자의 건강에도 심각한 영향을 미친다.

2) 여성 돌봄 노동자의 일터

급격한 인구 고령화와 함께 돌봄 요구도가 급증하고 있다.

가족 부양에 대한 태도 변화와 함께 가족 구성원의 극적 변화가 결합되면서 이제 돌봄은 가족의 몫으로만 남기 어려워졌다. 또한 여성의 경제활동 참여가 빠르게 증가하면서 이제 여성에게 전통적인 가족 내 보호자의 역할을 기대할 수도 없다. 통계청 자료에 따르면 2035년 65세 이상 고령자 가구 비중이 전체 가구의 39.1%에 이를 만큼 커져서 노인 돌봄에 대한 수요가 급증할 것으로 예상된다. 노인장기요양보험통계에 따르면, 2021년 기준으로 장기요양보험 등급 판정자가 적용 인구 대비 2.1%로 나오는데, 85세 이상 고령 인구만 보면 39.7%에 이른다. 후기 고령 인구의 비율이 증가한다는 것은 노인 돌봄이 필요한 대상자가 폭발적으로 증가함을 의미한다. 이런 인구구조 및 가족 구조의 변화 속에서 2008년 노인장기요양보험제도가 도입되었고, 돌봄 수요에 비례해 돌봄 노동자도 큰 폭으로 늘어나고 있다.

그러나 인력 등 기본 인프라와 서비스 전달 체계를 고려하지 않은 채 비용 부담 문제, 그것도 특정 노령 인구의 장기요양 문제만 초점을 맞추어서 노인장기요양보험제도를 추진한 결과 여러 문제가 발생하고 있다. 대상자 범위도 좁고, 서비스 대상자의 요구 수준을 포괄하지 못한 채 재가 및 시설급여 등의 제한적인 서비스만 제공해 사각지대가 발생하는 한편 서비스의 질도 저하되었다. 이런 이유로 노인장기요양보험제도가 건강한 노년을 위한 돌봄 제도로 발전하기보다는 돌봄의 의존성을 심화하고 중증도를 높이는 사회 배제적 제도라는 비판에서 자유롭지 못하게 된 것이다.

더욱이 돌봄 노동을 수행하는 요양 보호사 등을 비롯한 여성 돌봄 노동자의 인권 문제가 발생하고 있다. 노인장기요양보험제도 등을 통해 돌봄의 탈가족화가 가능해졌고, 가족 부양의 전담자였던 여성의 권리가 증진된 측면을 부정할 수는 없지만, 동시에 여성 돌봄 노동자에 대한 노동권 및 인권이 광범위하게 침해되면서 여성의 인권이 악화되는 역설적인 상황이 발생하고 있다.

2022년 장기요양실태조사 결과에 따르면, 돌봄 노동자 중 93.9%가 여성이고 이 가운데 62.9%가 60대 이상이었다(이윤경 등 2022). 조사에 참여한 돌봄 노동자 중 88.9%가 요양 보호사이고, 67.1%가 방문 요양 서비스를 제공하고 있었다. 고용 형태는 정규직이 33.9%, 전일제 계약직이 12.5%, 시간제 계약직이 53.6%로 나타나 고용의 불안정성이 매우 컸다. 계약직의 경우는 여성일수록, 요양 보호사일수록, 연령이 증가할수록 계약직의 비중이 큰 것으로 조사되었다. 월평균 임금은 요양 보호사가 117만 원으로 사회복지사 213만 3000원, 간호(조무)사 199만 원, 물리(작업)치료사 218만 8000원에 비해 월등히 낮았다. 방문 요양 서비스를 주로 제공하는 돌봄 노동자의 급여가 96만 2000원으로, 시설에 근무하는 돌봄 노동자가 받는 월 급여의 절반에도 미치지 못했다. 2022년 1인 가구 최저생계비가 117만 원 정도인데, 방문 요양 서비스를 제공하는 돌봄 노동자는 이에 못 미치는 임금을 받으며 일하고 있었다.

돌봄 노동자의 급여 수준이 낮은 데는 근무시간이 불안정하다는 점이 중요한 요인으로 작용한다. 시간제 계약제를 적용받는 돌봄 노동자는 한 달 생활을 유지하기에 충분한 수의 이용자를 확보해야 한다. 그런데 지난 3개월 중 1개월이라도 월 60시간 미만으로 근무한 돌봄 노동자가 전체의 30.6%에 이르렀고, 해당 돌봄 노동자는 대부분 요양 보호사였다. 이 중에서 가족 돌봄 노동자가 44.7%나 되긴 했지만, 일거리가 없거나 기관에서 단기간 노동자만 채용해 타의로 적게 일할 수밖에 없었던 돌봄 노동자도 17.4%였다.

법정 휴가를 자유롭게 사용한다고 응답한 돌봄 노동자는 전체의 51.7%에 불과했다. 법정 휴가를 사용하지 못하는 노동자가 15.2%였고, 그 노동자들의 대부분이 요양 보호사였다. 자유롭게 사용하지 못하는 이유는 '대체 인력 부족', '제도를 잘 몰라서', '고용상 불이익 염려', '업무량 과다', '상사 또는 동료 눈치' 순으로 높았다.

열악한 노동조건과 작업 특성 등으로 말미암아 돌봄 노동자는 근골격계 질환 등 전통적인 산업재해의 발생 위험도가 매우 높다. 2021년 7월 13일자 『한겨레』에 실린 요양 보호사 산업재해 발생 사례를 통해 돌봄 노동자가 업무 관련성 질병이나 손상에 직접적으로 노출되어 있음에도 제대로 치료받지 못하고 있으며, 작업환경 또는 작업 조건도 개선되지 않고 있음을 알 수 있다. 더욱이 산재 보상조차 제대로 받지 못하고 있다.

> 2019년 가을 요양 보호사 ㄴ(60) 씨는 환자를 침대로 옮기다가 비명을 질렀다. 무언가 끊어졌다는 직감이 들 만큼 날카로운 고통이었다. 바닥에서 데굴데굴 구를 정도로 아팠지만 의사는 주사 한 대만 처방했다. …… 사고 발생 5개월 만에 ㄴ 씨는 다시 병원을 찾았다. MRI를 찍었더니 어깨 회전근개 파열이었다. ㄴ 씨는 병원 원무과를 통해 산재를 신청했다. 4개월 뒤 근로복지공단에서 서류가 왔다. 업무상 질병 불승인 통보였다(『한겨레』 2021/07/13).

한국은 고령 노동자가 산재 요양을 신청하면 퇴행성이라며 산재로 인정해 주지 않아 대부분 건강보험으로 치료받는 경우가 많은데, 위의 노동자도 고령자이면서 근무시간이 짧았다는 이유로 불승인되었을 가능성이 크다. '서울시 어르신돌봄종사자 종합지원센터'에서 2021년부터 2023년까지 근골격계 질환으로 고통받고 있는 요양 보호사에 대한 산재 상담을 수행한 사례 5건을 보면, 시설에서 돌봄 업무를 수행한 요양

보호사를 제외하면 하나같이 근로복지공단으로부터 산재 불
승인 통보를 받았다. 모두 방문요양 업무를 담당하던 요양 보
호사들이었는데, 업무 부담의 강도가 크지 않고 일한 시간이
많지 않아 상당한 인과관계가 있다고 보기 어렵다는 이유였
다. 이처럼 대다수가 60대 이상인 요양 보호사는 일하다가 근
골격계 질환이 발생해도 산재보험을 적용받을 수 없는 상황이
다. 실제 2019년 기준으로 산재보험으로 인정받아 급여를 받
은 산재 노동자 중 여성은 23.3%에 불과했는데, 상당수의 여
성 노동자가 이런 이유로 배제되었다고 의심해 볼 만하다.

　　돌봄 노동자는 보건의료 노동자와 마찬가지로 서비스를
제공하는 과정에서 많은 정신 건강 문제에 시달린다. 2022년
장기요양실태조사 결과, 이용자와 그 가족으로부터 비난, 고
함, 욕설을 경험한 돌봄 노동자가 21.9%였고, 꼬집기, 주먹질,
신체적 위협 등 신체적 부당 행위를 경험한 노동자도 13.3%
에 이르렀다. 또한 돌봄 노동자의 8.3%가 부적절한 신체 접촉
등 성적으로 부당한 행위를 경험했다. 그리고 이런 부당 행위
에 대해 돌봄 노동자의 45.5%가 그냥 참고 일한다고 답변했
다. 소속 기관에 보고하고 대응을 요구하는 경우는 34.9%에
불과했는데, 아무런 조치를 하지 않는다는 응답률도 17.4%에
이르러 이차적인 가해에 노출되어 있다고 볼 수도 있다.

　　이처럼 요양 보호사의 인권 상황이 열악해진 데는 지금까
지 돌봄을 가족 중 여성에게 의존하면서도 비용을 지불할 필

요가 없는 '하찮은' 일이라는 인식이 강하게 형성된 사회문화적 환경이 작용하고 있다. 가족 구성 자체가 변화한 상황에서 비용을 지불하지 않는 여성의 노동력으로 돌봄을 담당하는 일이 이제 불가능해지면서 노인장기요양보험제도 등을 통해 사회적 돌봄이 확대되고는 있지만, 주로 여성, 그것도 고령의 여성이 수행하는 하찮은 노동이라는 인식은 바뀌지 않고 있다. 이런 구조적 문제를 해결하지 않고서는 여성 돌봄 노동자의 건강 문제를 해결하기 어려울 뿐만 아니라 돌봄 서비스의 질도 담보하기 힘들 것이다.

그렇지만 구조적 문제에 대한 진단과 해법만을 논하기에는 현재 돌봄 노동자의 건강 문제가 매우 심각하다. 우선 불안정한 근무시간과 낮은 임금수준, 폭력이 일상화된 반인권적인 근무 환경과 조건을 개선하려는 노력이 필요하다. 그리고 이를 규정하고 있는 노인장기요양제도의 개혁이 함께 고려되어야 한다.

3) 이주 노동자의 일터

2023년 기준으로 귀화하기 전 15세 이상의 국내 이민자는 143만 명이고, 그중 경제활동인구는 97만 5000명으로 68.2%가 경제활동에 참여하는 것으로 나왔다. 이 가운데 임금노동자는 87만 3000명인데, 일반적으로 이주 노동자가 이에 해당

한다. 이 중에서 사업장이 산재보험에 가입되어 있다고 조사된 노동자 비율은 70.6%였는데, 여성 이주 노동자는 58.8%가 가입되어 있다고 답변해 남성 이주 노동자보다 더 낮은 것으로 보고되었다. 1년 이내에 일하다가 손상을 경험한 이주 노동자 중에 산재보험으로 처리된 경우는 27.3%에 불과했고, 치료비를 사업주와 공동으로 부담하거나 본인이 전액 부담한 경우는 22.7%에 이르렀다(〈국가통계포털〉 2024).

등록되어 있는 이주 노동자도 이런 상황인데, 미등록 이주 노동자의 상황은 훨씬 더 좋지 않을 가능성이 크다. 산재보험의 경우는 등록 여부와 상관없이 일하는 노동자가 적용 대상이라는 점에서 미등록 이주 노동자도 포함해야 하나, 미등록 이주 노동자를 산재보험에 가입하는 사업장이 없어서 산재 요양을 하지 않는 경우가 대부분이다. 사실 보험료를 내지 않았더라도 산재보험을 적용받을 수 있지만, 사업주가 법적인 책임 문제와 사후 보험료 부담 등을 꺼려 미등록 이주 노동자가 산재보험으로 처리되지 않도록 유도할 가능성이 크다. 더욱이 미등록 이주 노동자는 건강보험을 이용할 수 없기 때문에 개인이 전액 치료비를 부담하게 되는데 그 과정에서 맞닥뜨리는 경제적 문제가 심각하다. 결국 치료를 포기하게 되는 경우가 다반사다.

미등록 이주 노동자가 어렵사리 산재보험의 적용을 받아 치료받는다고 하더라도, 근로복지공단이 해당 이주 노동자를 법무부에 보고하도록 되어 있기에 급성기* 치료 이후 국내에서 추방될 가능성이 크다. 그 결과 당연히 지급되어야 할 재활급여와 휴업급여 등을 보상받지 못한 채 치료가 중단되는 경우가 많다. 심지어 한국에서 추방되는 것을 피하기 위해 치료도 끝나지 않은 상태에서 병원을 떠나는 노동자도 많은데, 이 경우 심각한 후유 장애가 남을 가능성이 크다.

일터 환경이 열악하다는 건 두말할 필요가 없을 것이다. 2005년 1월 태국 여성 노동자 8명이 노멀 헥산에 중독되면서 다리가 마비되어 일어서지 못하는 말초신경병이 발생한 적이 있다.** 이주 노동자들에게 어떤 보호 장비도 없이 유기용제를

* 질병의 발생 경과를 기능적인 상태에 따라 급성기, 회복기(아급성기), 만성기로 구분할 수 있다. 의료 전달 체계가 잘 갖추어진 국가의 경우 의원 등과 같은 일차 의료기관에서 고혈압, 당뇨병 등을 비롯한 기본적인 만성질환에 대한 관리 및 건강관리를 받다가 합병증이 발생하거나 어떤 질병(손상)이 발생하면 종합병원이나 대학병원에서 급성기 치료를 받고 퇴원하거나, 재활병원에서 회복기 치료를 거친 후 퇴원하거나 요양병원 등에서 만성기 치료를 받는 경과를 따르게 된다.

** 2005년 1월, 경기도 화성에 있는 컴퓨터 부품 제조업체에서 일하던 8명의 태국 여성 노동자가 말초신경병증에 걸렸다. 이들은 국소 배기 장치가 없는 이른바 청정실에서 하루 4리터가 넘는 노멀 헥산 용액을 사용해 부품 세척 작업을 했다. 색도 냄새도 없어서 노동자들은 위험을 감지하지 못했다. 두통과 구토를 겪던 노동자들이 점점 다리에 힘이 빠지고 보행할 수 없게 되었고, 안산외국인노동자센터를 통해 사건이 알려진 뒤, '이주 노동자 노멀 헥산 중독 진상 규명과 노동기본권 쟁취를 위한 공동 대책위'가 구성되었다. 노동자들은 4개월에서 32개월의 기간 동안 아무런 보호 장구 없이 독성 물질인 노멀 헥산을 다뤘으며, 사용주는 이들의 증세를 꾀병으로 치부해 감금하기도 했다는 사실이 알려졌다. 당시 기자회견에 참석한 필자는 "정부는 노멀 헥산만 문제시하지만

사용하도록 하고 그 결과로 산업재해가 발생했다는 점에서 매우 충격적인 사건이었다.

이런 문제를 과거의 일로 치부할 수 있을까? 국내 노동자들이 기피하는 3D 업종을 채우는 이들은 이주 노동자들이다. 이주 노동자들은 영세 사업장에 취업하거나 농어촌 등 열악한 노동환경에서 일하는 경우가 대부분이다. 이 일터들은 안전보건 관점에서 하나같이 취약하다. 언어 장벽과 법적으로 취약한 지위에 있는 이주 노동자에게 안전한 일터란 상상하기 어렵다.

위험한 작업에 배치되어 일하고 있는 이주 노동자에게 해당 위험에 대해 제대로 설명하지도, 최소한의 방어권을 보장하지도 않고 있다면, 그로 인한 산업재해는 누가 책임져야 하는가? 혹시나 산업재해로 쓰러져도 그 자리에 채용되길 기다리고 있는 이주 노동자가 얼마든지 있기 때문에 의도적으로 이를 방치하는 것은 아닐까?

10여 년 전 노동건강연대에서 일하면서 필자가 직접 경험한 충격적인 장면을 잊을 수가 없다. 마석가구단지 등에서 일하는 이주 노동자의 건강 실태를 조사하다가 방글라데시 이주 노동자 단체 활동가와 함께 미등록 이주 노동자의 집을 방문

이주 노동자가 일하는 현장엔 '무색무취'의 유해 물질이 더 있다"고 말한 바 있다. 노동자들은 한국에서 1년 6개월간 치료받고 본국으로 돌아갔다.

했는데 한동안 말을 잇지 못했다. 거주 공간이 나쁘리라고 예상한 만큼 주거 환경을 보고 놀라지는 않았다. 놀란 것은 그 공간에서 생활하는 아이들 때문이었다. 한국에서 만나 가정을 이룬 이주 노동자들이 낳은 아이들은 부모가 맞벌이를 나간 상태에서 초등학교에 다닐 나이가 지나고도 집에서 방치되어 있었다.

마석을 방문하기 얼마 전 스웨덴에 출장을 가서 스톡홀름에 있는 어느 초등학교 선생님과 인터뷰한 적이 있다. 스웨덴의 이주 정책을 긍정적으로 보지 않던 보수적인 선생님으로 기억하는데, 그가 근무하는 초등학교에 12개 국가에서 온 이주민의 아이들이 다니고 있다고 했다. 그 선생님은 해당 학교에 입학한 이주민 아이들이 학교에서 좋은 교육을 받으면서 자기 나라의 문화를 잊지 않게끔 도울 목적으로 12개 국가의 언어 지원 서비스를 제공하고 있다고 이야기했다. 그런데 사민당의 우호적인 이민 정책엔 부정적이던 그 선생님도 이주민 아이들에게 보편적인 교육을 넘어서서 문화적 다양성을 고려한 질 높은 교육 서비스가 제공되어야 한다는 데에는 전혀 이견이 없었다.

스웨덴이라고 모든 것이 바람직하지는 않을 것이다. 그곳도 분명 이주민에 반대하는 정서가 있고, 극우적인 태도를 취하는 사람도 적지 않다. 그렇지만 이주 노동자 정책에 대한 찬반을 떠나 이미 자국 내에서 생활하고 있는 이주 노동자에게 동등한 대우를 하는 건 당연하지 않을까? 우리 사회 구성원이라면 미등록 상태이든 아니든 인권적 대접을 받아야 하는 건 너무나 당연하다. 부모가 어떤 상태에 놓여 있든 아이들은 국적이나 인종 등과 상관없이 동등한 대우를 받아야 한다. 한국이 비정상 국가가 아닌 이상 마땅히 받아들여야 할 원칙이다.

보수적 관점에서 보더라도, 많은 사람들이 꺼리는 일들을 하며 경제활동을 하고 있는 이주 노동자는 매우 고마운 존재가 아닌가. 관련 법이 미흡하다며 속지주의가 어쩌고 속인주의가 어쩌고 하면서 정작 그런 법률을 개정하지 않고 있는 정치가들, 관료들, 학자들이 있다면 그들에게 인권은 무엇인가를 묻고 싶다. 혹시 인권이 아닌 특권을 이야기하고 있는 건 아닐까?

새로운 산재 문제

전통적인 산재 문제는 '굴뚝 산업'으로 대표되는 제조업이나 건설업에 초점이 맞추어져 있다. 여기에 근골격계 질환이나 천식 등이 추가된 정도다. 그러나 최근의 산재 문제는 전통적인 산재 문제를 뛰어넘는다. 오래전부터 과로사를 일으키는 심장병이나 뇌혈관 질환인 중풍이 대표적인 산재로 등장했고, 삼성 반도체 사건을 계기로 암이 새로운 산재 문제로 등장했다. 이뿐만 아니라 고혈압, 당뇨병 등과 같은 만성질환이 특정 직업군이나 일터에서 더 많이 발병한다는 연구 결과가 속속 밝혀지고 있다. 직무 요구도가 크고 직무에 대한 통제 권한이 없는 직군에서 직무 스트레스가 크고 심혈관계에 영향을 미쳐 만성질환을 일으킬 수 있다는 카라섹R. A. karasek, Jr. 모형이 보편적으로 받아들여진 지 오래다. 최근 연구에 따르면 야간 근무 등과 같은 업무 관련성 요인이 혈압 상승에 영향을 미친다는 연구 결과도 발표되고 있다(Madeira et al. 2021).

새롭게 등장한 산재 문제는 노동자 건강을 바라보는 우리 사회의 전근대적인 시각과 낮은 예방 체계를 근본적으로 바꾸어야 한다는 메시지를 던진다. 먼저, 어떤 외력이나 특정 원인에 의해 발생하는 산재를 예방하기 위해 그 원인을 제거하거나 차단하면 된다는 주장은 그다지 현실성이 없다. 보상도 마찬가지인데, 특정 원인 때문에 발생했다는 것이 입증되면 산재 보상을 해주는 방식도 이제 타당하지 않다.

사실 질병의 원인을 특정한 그 무엇으로 한정해야 한다는 생각은 이미 낡은 도그마에 불과하다. 질병 발생의 원인이 비교적 명확한 결핵 등의 감염병도 결핵균만을 원인으로 특정하기 어렵다. 이미 모든 의학 교과서나 공중보건학 교과서에서 주거, 영양 등의 환경과 환자의 면역력이 결핵 발병의 중요한 요인으로 이야기되고 있다. 즉, 좋지 않은 영양 상태와 주거 환경이 원인이 될 수 있다는 것이다. 하물며 발병 원인을 특정하기 어려운 만성질환은 더더욱 그렇다. 개인 수준에서 업무 관련성을 입증하는 것 자체가 비과학적이다. 어떻게 개인 수준에서 질병의 원인이 직업 때문인지 아닌지를 과학적으로 증명할 수 있단 말인가?

그렇지만 실제로 특정 질병을 하나의 원인으로 설명하려는 경향은 매우 강하다. 이런 이유로 업무 관련성이 명확한데도 손쉽게 인과성이 성립하지 않는다고 단언하는 일이 비일비재하다. 허리 디스크로 알려진 요추부 추간판 탈출증이 대표적인 사례다. 나이가 많든 적든 요추부 추간판 탈출증으로 진단받고 병원에서 수술이나 시술, 재활 치료 등을 받는 사람들이 매우 많다. 그런데 노동자가 해당 질병으로 산재 신청을 해서 요양급여를 받기는 매우 어렵다. 추간판 탈출증은 퇴행이 원인이기 때문에 업무 관련성을 인정하기 어렵다는 것이다. 이런 주장이 산재 판정에 관여하는 해당 분야 전문가라는 의사들의 입에서 나오는 경우가 흔한데 황당한 노릇이다. 그런 논리라면 모든 만성질환의 원인은 퇴행일 것이다. 그런 식으로 원인을 제시한 의학 서적을 본 적이 없다. 우리 인체의 퇴행이라는 건 만성질환이 발생하는 여러 기전 중에 하나 또는 여러 위험 인자 중 하나로 설명하는 경우가 대부분이다.

어떤 현상의 원인을 하나로 규정하려는 생각은 예방 영역에서도 많은 문제를 발생시킨다. 예방의 관점에서 보면, 요추부 추간판 탈출증의 유일한 원인이 퇴행이라고 한다면, 젊은 사람에게 해당 질병이 없어야 하고, 나이 들어 생기는 추간판 탈출증은 예방할 수 없고 숙명으로 받아들일 문제가 된다. 과거처럼 특정 위험 물질만 차단하면 직업병을 예방할 수 있다는 생각은 이미 효용 가치를 잃었다. 물론 위험 물질에 노출되지 않도록 하는 것은 여전히 가장 기본적인 직업병 예방 활동이다. 제조업에서는 특히 그렇다. 그러나 이것만으로 직업병을 예방할 수는 없다. 특히 서비스업의 경우는 좀 더 다른 접근이 필요하다. 감정 노동에 따른 정신 건강 문제가 노동자들이 고통스러워하는 가장 큰 문제라고 해서 위험 요인에 해당하는 고객과의 접촉을 차단할 수 있을까? 단지 접촉뿐만 아니라 고용조건과 업무 강도, 조직 내의 비정상적인 위계질서, 갑질 문화 등 정서적 박탈과 자살로 이어지는 심각한 우울증을 일으키는 요인이 씨줄 날줄로 엮여 있는데, 하나의 요인만을 제거한들 직업병을 예방할 수 있을까?

내가 건강증진센터에서 만난 많은 노동자들 중에 담배와 술을 심하게 하고 있는 분들과 면담하면, 대부분 이를 끊거나 줄이고 싶어도 실천하기 어렵다고 한다. 그 이유는 대체로 직장과 관련되어 있다. 업무 스트레스가 심한 상황에서 휴식 시간에 동료나 직장 상사가 담배를 권하는데 거절하기가 쉽지 않다. 회식 자리에서도 분위기 망치는 직원이 될까 봐 어쩔 수 없이 술을 마신다는 노동자를 흔하게 만날 수 있다. 그렇다면 담배와 술처럼 건강 유해 물질을 사용하는 것이 단순히 노동자의 습관 때문이라고 말할 수 있나? 어느 정도나 직장과 관련되어 있는지 분석해 보지는 않았지만, 최소한 밀접하게 관련되어 있음은 누구라도 예상할 수 있다.

암과 같은 중중 질환도 업무와의 관련성을 벗어나서 이야기하기 어렵다. 그러나 이를 입증하기는 훨씬 어렵다. 반도체처럼 어떤 물질을 사용한 탓에 암이 발병했다고 특정할 수 있다고 하더라도 그걸 입증하기란 거의 불가능하다. 기업 비밀 유지라는 논리로 어떤 물질을 사용했는지조차 알려 주지 않고, 아직 위험이 확인되지 않은 물질을 위험하다는 증거가 없다는 이유로 마구 사용하는 낡은 예방 체계에서는 새로운 물질이 야기하는 새로운 산재 문제를 예방할 도리가 없다.

정신 건강을 포함한 만성질환의 문제 등 과거에 없었거나 드러나지 않았던 산재 문제가 새롭게 등장한 것은 이제 산재가 남의 문제가 아니라 내 문제라는 인식을 모든 노동자에게 심어 준다. 특정 산재만 일과 관련된다고 바라보는 시대는 끝났다. 거의 모든 질병이 일과 관련되어 있거나 관련될 수 있다. 오늘날 산재는 제조업이나 건설업에 종사하는 노동자만의 문제가 아니라 서비스직, 사무직, 공무원 등 모든 업종에 종사하는 사람의 문제가 되었다. 구조적인 요인을 포함해 일터를 건강하지 않게 만드는 여러 요인들을 통합적으로 보지 않고서는 노동자의 건강 문제를 해결하기란 요원하다. 구조적인 요인을 포함한 체계 수준에서 문제를 바라봐야 해결의 실마리를 찾을 수 있다.

전 세계에서 유례를 찾아보기 힘들 만큼 급속도로 이루어지고 있는 저출산 고령화 시대를 경험하고 있는 우리는 더욱더 새로운 산재 문제에 대한 인식의 틀을 바꾸어야 한다. 노동인구의 고령화가 매우 빠르게 진행되면서 이제 고령화 문제는 결코 노인만의 문제가 아니다. 노인 인구에 대한 사회적 부담의 증가를 차치하고서라도 노동인구의 고령화에 대한 대책을 마련하지 못한다면 우리 사회는 지속되기 어렵다. 언제든지 교체할 수 있는 기계 부품 같은 존재로 노동자를 대하는 것이 아니라 노동자 한 명 한 명이 우리 사회의 지속 가능한 성장에 중요하다는 시각으로 패러다임을 바꿔야 한다. 고령 노동인구 문제는 특정 산업에 종사하는 노동자만의 문제가 아니다. 특정 위험 인자에 국한되지 않는 전체 노동자의 건강 문제라는 점에서 고령화된 노동인구의 지속 가능성을 높이기 위한 정부 정책에 근본적인 변화가 필요하다.

산재 통계의 비밀

정부가 매년 공식적으로 발표한 산재 통계를 곧이곧대로 믿는 사람은 거의 없다. 앞서 살펴본 바와 같이 노동자 1만 명당 산업재해로 사망하는 노동자의 수를 의미하는 사망만인율이 독일보다 5배 이상 높으면서 재해율은 더 낮다고 주장한다면 어느 누가 이 같은 통계를 믿을 것인가? 사망과 같은 중대재해는 통계로 잡히지만, 그렇지 않은 대다수 업무 관련성 질환이나 손상 등은 통계에 잡히지 않기에 나타난 현상이라고 이해함 직하다.*

이렇게 산재 통계가 발생 추정치보다 적게 잡히는 것은 산재보험으로 인정받아 보상되는 경우만 산재 통계에 잡히기 때문이다. 따라서 산재보험으로 인정받지 못하고 건강보험으로 치료받거나 회사가 모든 부담을 떠안고 치료가 이루어지는 경우는 아예 통계에 잡히지 않는다. 손상 때문에 건강보험 치료를 받은 사람들에게 전화 면접 조사를 해서 어떤 이유로

---

* 모든 산재 사망이 통계로 잡히는 것도 아니다. 서비스연맹 배달플랫폼 노조와 공공운수노조 라이더유니온의 설명을 종합하면, "산재보험이 없거나 유족이 없는 노동자의 사망은 정부 산재 통계에 포함되지 못한다." 배달 노동자는 노동법상 노동자로 인정받지 못하고 있어서 산재보험 가입 시 사업주가 보험료를 100% 내는 것이 아니라 노동자가 50%를 부담하기 때문에 산재보험 이용에 소극적일 가능성도 있다. 산재보험 사망 통계를 보면 퀵서비스 기사 직종 종사 사망자(플랫폼을 통한 음식 배달 종사자 포함)는 2021년 18명, 2022년 39명, 2023년 38명이다. 이륜차 교통사고로 해마다 400명이 넘는 사람이 사망하는 점에 비추어 배달 노동자의 산재 사망이 모두 산재보험으로 처리되었는지는 불확실하다. 라이더유니온에 따르면 2024년 4월에만 4명의 배달 노동자가 사망했다. 화물차 운전자 역시 마찬가지다. 2023년 22명의 화물 노동자가 산재로 사망했다고 집계되었지만 전국화물자동차공제조합이 발표한 2023년 화물차 운전자 교통사고 사망자는 124명이다.

다쳤는지를 물어본 후 산재보험 적용 대상인 노동자 중 일하다가 다쳤다고 답변한 비율을 산재보험 치료 대상자로 추정해 보면, 실제 산재보험으로 치료받은 직업 관련 손상자보다 10배가 많음을 알 수 있다. 결국 대부분의 업무 관련성 손상자가 통계에 잡히지 않는 셈이다(임준 2007).

일반적으로 산재 환자가 산재보험으로 치료받지 않고 건강보험으로 치료받는 이유를 산재로 인정받기 어려운 업무 관련성 질환 때문이라고 생각하기 쉽다. 실상은 다르다. 만약 그런 이유라면 인과성이 비교적 명확해 신청만 하면 승인되기 쉬운 업무 관련성 손상은 거의 모두 산재보험으로 인정받고 산재 통계에 잡혀야 한다. 그러나 앞서 확인했듯이 사업장에서 사고로 다쳐 손상을 입은 노동자 가운데 상당수가 산재보험이 아닌 건강보험으로 치료받고 있다. 결국 재해율이 낮은 것은 재해와 업무 간의 인과성을 따지기가 쉽지 않아 산재보험 처리가 되지 않기 때문만이 아니라 원래 산재 승인이 어렵게 만들어진 시스템 오류에 기인한다.

따라서 한국만 특별나서 사망만인율 대비 재해율이 월등히 낮은 것이 아니라 대다수 업무 관련성 질병이나 손상이 산재보험으로 처리되지 않기에 사망만인율은 매우 높은데 재해율은 낮은 기현상이 발생한 것이다. 만약 업무 관련성 질병이나 손상이 제대로만 산재보험으로 처리되고 또 통계로 잡혔다면, 그런 오해가 사라졌을 뿐만 아니라 사회적으로 산재 문제의 심각성이 훨씬 더 부각되었을지도 모른다.

신청주의와 업무 기인성에 기초한 입증책임 문제

직업과 관련해 노동자가 다치고 아픈데도 산재보험으로 치료받지 못하는 이유가 무엇일까? 산재보험 급여 신청 절차와 무관하지 않다. 현재는 치료비에 해당하는 요양급여와 소득 손실의 보상에 해당하는 휴업급여를 받으려면 당사자가 직접 근로복지공단에 산재를 신청하고 인정받아야 한다. 산재보험 급여를 받으려면 당연히 그렇게 해야 하지 않나 하고 생각할지 모르겠지만, 건강보험 절차를 떠올리면 달리 생각하게 될 것이다.

몸에 이상이 생겨 병원에 가면 대부분 건강보험으로 치료받는다. 이때 병원에서 치료받아야 하니 요양급여를 제공해 달라고 국민건강보험공단에 요양급여 신청을 하지는 않는다. 당연히 환자를 진료한 의료기관에서 환자를 대신해 건강보험공단에 청구한다. 환자는 요양급여 신청 등과 같은 절차에 대해 신경 쓸 필요 없이 병이 낫는 데만 집중하면 된다.

그러나 산재보험은 건강보험과 달리 병원이 아니라 산재노동자가 신청해야 한다. 일하다가 다쳐서 또는 직업병이 의심되는 병에 걸려서 산재보험으로 치료받고자 하더라도 근로복지공단에 요양급여 신청을 하지 않으면 산재보험을 적용받지 못한다. 산재 피해를 입은 노동자가 산재보험 처리를 위해 동분서주 뛰어다녀야 한다. 현재도 의료기관에서 산재요양 신청을 대신할 수 있다고 하지만, 의료기관이 당사자에게 동의를 받도록 하고 있어서 신청을 대행할 의무가 없는 의료기관이 그렇게 할 리는 만무하다. 노무사 대행 서비스를 이용하면 된다고 하지만, 모든 사람이 이를 이용할 수 있는 상황은 아니기에 산재보험을 이용하는 데서 노동자 간의 격차를 증가시키는 이유가 되기도 한다.* 회사 내에 노동조합이 있거나

* 노동조합 조직률에 따른 산재보험 이용에 있어서 노동자 간에 격차가 있는지도 살펴볼 필요가 있다. 노동조합이 있는 곳에서 일하는 노동자가 그렇지 않은 노동자보다 산재에 대한 교육, 산재보험에 대한 정보를 더 많이 접할 것이고, 산재보험 처리가 필요할 때 지원받을 수 있으리라고 추정할 만하기 때문이다.

　　정부 발표에 따르면 2022년 노동조합 조직률은 13.1%로 조합원 수는 약 272만 명이다. 부문별 현황을 보면 민간 부문 10.1%, 공공 부문 70%, 공무원 부문 67.4%, 교원 부문 21.1%의 조직률을 보이고, 규모별로는 노동자 300명 이상 사업장이 36.9%, 100~299명 5.7%, 30~99명 1.3%, 30명 미만 0.1%의 조직률을 보였다. 한국노동사회연구소가 2023년 8월 발표한 '이슈브리프' 자료를 보면 2021년 노동조합원 가운데 대졸 이상 학력이 50.3%였다. 여성은 32.6%, 50대 이상 고령자는 31.8%였다. 한국비정규노동 센터가 발표한 보고서 「비정규직 실태의 중장기적 변화 분석: 2001~2023년 경제활동인구 부가조사를 중심으로」에 따르면 비정규직 노동자들의 노동조합 조직률은 2.7%였다.

　　이처럼 우리나라 노동조합원은 공공 부문, 고학력자, 300인 이상 대기업, 남성, 정규직 조합원이 높은 비중을 차지한다. 노동조합 조직의 이 같은 특성이 산재보험을 이용하는 데서 불평등을 만들고 있지 않은지에 대한 연구 역시 필요하며, 성 인지적 관점의 산재 통계가 없는 이유도 따져 볼 필요가 있다.

조력자가 있는 노동자들은 요양급여 신청을 고민할 여지가 있겠지만, 회사 내에 노동조합이 없고 사회적 관계망이 취약한 노동자라면 신청조차 못 할 가능성이 크다. 건강보험과 산재보험의 보장성에 차이가 없다면 건강보험으로 받나 산재보험으로 받나 큰 의미가 없겠으나, 상병수당에 해당하는 휴업급여나 요양급여의 보장성 수준에 차이가 크기에 산재보험으로 치료받지 못하는 노동자 입장에서는 큰 손실이다. 더욱이 업무 등과 관련한 직업 재활과 직업 복귀 등을 생각해 본다면 산재보험이 아닌 건강보험으로 치료받는 건 노동자의 삶에서 결정적인 문제가 될 수 있다.

이렇듯 산재보험으로 치료받기 위해 별도의 신청 절차를 밟으면 그 절차 때문에 서비스를 이용하지 못하는 문제가 생기는데, 그 기전은 구체적으로 다음과 같다. 먼저, 산재 노동자가 본인이 산재보험을 적용받을 수 있는지를 알아야 하는데, 아쉽게도 여기서부터 막힌다. 2021년 국민노후보장패널 조사 자료에 기반한 연구에서 산재보험 적용 대상자인 50세 이상 고령자 중 산재보험에 가입하지 않았거나 적용 대상이 아니라 산재보험 급여를 받을 수 없다고 생각하는 노동자가

근로복지공단이 2020년 윤미향 국회의원실에 제공한 자료에 따르면 여성의 산재는 5년간의 산재 현황 자료에서 21% 정도로 나타났다. 정부가 공개하는 e-나라지표의 산업재해 현황에는 성별 통계가 아예 없다.

60.2%에 달했다(한신실 2023). 본인이 산재보험 적용 대상자라는 사실을 알아도 산재보험으로 치료받으려면 현재 발병한 질병이 산재라고 인식해야 한다. 일터에서 다친 경우라면 그러기 쉬울지 몰라도, 병원에서 진단받은 질병을 직업과 연관시킬 수 있는 노동자가 얼마나 되겠는가?

이것으로 끝이 아니다. 산재보험의 급여를 받으려면 급여 청구 때에 본인의 질병이나 손상의 업무 관련성을 스스로 입증해야 한다. 당연히 주치의 소견이 필요하다. 업무 관련성에 대한 평가를 수행해야 할 의무가 없는 주치의는 소극적이게 마련이다. 만약 업무 관련성에 대한 일차적 판단의 책임을 의사에게 부여한다면 상황은 많이 달라졌을 것이다.

그런데 현 상황이 그대로 유지된다면 업무 관련성 판단의 일차적 책임을 의사에게 부여하더라도 노동자의 질병이 직업 때문이라고 단언할 만한 의사는 별로 없을 것이다. 왜일까? 바로 업무 관련성 질병의 원인이 노동자의 업무 때문이라는 것을 노동자가 입증해야 하는 문제 때문이다. 개인 수준에서 직업과 질병의 인과관계를 입증하는 것은 과학적으로 불가능하다. 누군가가 어깨 통증으로 병원에서 진료받고 회전근개가 찢어졌다고 진단된 경우 그 이유가 10년 동안 해온 일 때문인지, 주말마다 친 테니스 때문인지, 아니면 집안일을 하다 발생했는지를 구분해 직업 때문이라고 콕 집어서 단정 짓는 건 과학이 아니라 결정 주체의 주관적 판단일 뿐이다. 과학적으로 입증할 수 있는 것은 인구 집단을 대상으로 한 역학적 연구를 통해 해당 직업이 그 질병과 관련이 있는지를 확인하는 정도이다.

모든 질병 분야에 걸쳐 이루어진 것은 아니지만, 특정한 업무나 직업으로 인해 특정한 질병이 발병했을 가능성에 관한 연구는 이미 상당수 이루어졌다. 따라서 현재 노동자가 수행하고 있는 업무나 직업이 특정 질병 또는 손상과 관련이 있는지를 평가할 수 있다. 한 명의 노동자가 고통받고 있는 질병의 원인이 그 노동자의 업무나 직업 때문임을 입증하기는 어려워도 그 노동자가 수행한 업무나 직업이 그 질병의 발병과 관련되어 있다는 건 확인할 수 있다. 이를 업무 관련성이라고 하는데, 이것만을 평가한다면 손쉽게 해당 질병의 업무 관련성을 분류할 수 있고, 산재보험의 처리도 용이해질 수 있다.

그러나 현행 산재보험은 업무 관련성만을 따지는 것이 아니라 특정 개인의 질병이 업무 때문이라는 것을 증명하라는 엄격한 업무 기인성을 요구하기에 산재보험 처리가 어렵다. 그리고 이런 업무 기인성에 기초해 입증책임을 산재 노동자에게 부과하므로 결국 산재 신청을 포기하는 경우가 속출한다.

그렇다면 이런 신청주의와 업무 기인성은 산재보험에서 일반적일까? 전혀 그렇지 않다. 사회보험 방식의 산재보험을 운용하는 국가에서 신청주의와 업무 기인성은 매우 예외적으로 적용된다. 조합주의 전통이 강한 독일에서는 개인이 직접 신청하기보다 산재 전문 의사 제도를 통해 신청을 대행하고 있고, 업무 기인성을 엄격하게 평가하기보다는 업무의 수행 여부, 즉 질병과 업무의 관련성에 초점을 맞추어 판단하고 있다. 이를 통해 산재보험으로 조기에 치료받도록 하고 있는 것이다. 보편주의 전통이 강한 북유럽에서는 질병의 업무 관련성조차 따지지 않는다. 누구나 아프면 무상으로 치료하고 소득 손실이 발생하는 노동자에게 임금 등 소득 손실을 보전하는 상병수당을 제공한다.

건강보험 신청 절차를 비교해 보더라도, 산재보험처럼 당사자의 신청과 업무 기인성에 의한 입증책임의 부과, 그리고 그 결과에 따라 요양급여가 개시되는 것은 사회보험과 어울리지 않음을 확인할 수 있다. 건강보험 가입자가 담석증으로 병원에서 진단과 치료를 받기 위해 건강보험공단에 요양급여를 신청하고, 최종적으로 건강보험공단에서 인정받은 후 병의원을 이용할 수 있다면 어떻게 될까? 이에 따른 접근성 문제와 인권침해는 상상 이상으로 클 것이다. 그래서 의료기관이 환자를 대리해 건강보험공단에 신청을 대행하는 것이다. 직무와 관련된 질병으로 의료기관에서 치료받고 있는 환자가 적기에 산재보험 요양급여를 받을 수 있게 하려면 건강보험처럼 환자의 사전 동의 절차 없이 의료기관이 신청 절차를 대행하는 절차를 마련하는 건 너무나 당연하지 않을까?

이렇게 같은 사회보험임에도 의료기관이 요양급여 신청

을 대행하는 절차가 왜 산재보험에는 없을까? 한국의 산재보험은 법 형식적으로는 사회보험 방식을 택하고 있지만, 1884년 독일의 비스마르크 시대에나 있을 법한 전근대적인 사용자 배상책임보험적 성격을 강하게 띠고 있다. 공법인 〈사회보장기본법〉 체계에 근거한 산재보험이 아니라 사법인 〈근로기준법〉 체계에 근거한 사용자 배상책임보험적 성격을 버리지 못하고 있기 때문에 보편적인 권리 보장보다 근로계약상의 권리 구제에 초점을 맞추고 있는 것이다. 그 결과 노동자 개인의 신청주의와 업무 기인성에 기반한 입증책임 부과라는 낡은 틀이 사라지지 않고 있다. 이런 후진적 제도를 유지하고 있는 이상 산재보험이 산재 노동자가 조기에 치료받고 직장과 사회로 복귀할 수 있는 버팀목으로 작용하길 기대하기는 힘들다. 오히려 장애 요인으로 작용하는 것이 현실이다.

일부 노동자만 보상하는 산재보험

산재보험의 적용 대상자를 보더라도 산재보험은 사회보험으로서 보편주의적 지향과 꽤나 거리가 있다. 한국의 산재보험은 서구와 달리 적용받는 대상자가 전체 노동자가 아닌 일부 대상자로 제한된다. 1945년 이후 선진 외국에서는 노동자의 권리 의식이 성장하고 사회보장에 대한 사회적 요구가 커지면서 산재보험이 사업주 배상책임보험의 성격을 벗어나 보편주의 성격이 강화된 산재보험으로 성장·발달했다. 그 결과 가운데 하나가 적용 대상자의 확대다. 전통적인 근로계약을 벗어난 노동자도 산재보험을 적용받을 수 있게 되었고, 농민, 자영업자까지 아우르면서 경제활동인구 전체를 포괄하는 방향으로 산재보험이 발전해 왔다. 급기야 학생까지 포괄하는 등 전체 국민으로 대상 범위를 확장하고 있다. 그러나 우리나라는 여전히 극히 후진적인 제도 방식을 고집하면서 산재보험의 적용을 받지 못하는 노동자가 상당수에 이르고 있다.

독일 산재보험 적용 대상자 확대

독일의 산재보험은 1884년 사용자의 무과실책임에 기초한 사회보장제도에서 보편성이 강화되는 방향으로 발전해 왔다. 그 과정에서 적용 대상자가 지속적으로 확대되어 왔는데, 1999년에 일반 노무 개념이 아닌 취업 개념을 도입해 사업주와 취업 관계에 있는 취업자 및 유사 취업자로 대상자가 확대되었고, 2013년 농업, 임업 등에 종사하는 자영업자로 확대되었다. 1971년에 학생을 대상자에 포함한 이후 공익이나 사회적 이유로 보호가 필요한 대상자를 확대하고 있는데, 2010년 이후엔 자원봉사자, 간병인, 실업자 등도 적용 대상자에 포함하고 있다. 현재 독일의 산재보험은 사업주와의 근로관계에 기초한 사회보험 성격에서 보편적인 재해보험 성격으로 발전하고 있다.

산재보험이 적용되지 않는 노동자의 유형을 차례대로 살펴보면, 먼저 원래는 산재보험 적용 대상이지만 고용 관계의 불안정성 때문에 실질적으로 배제되는 노동자 유형을 생각해볼 수 있다. 대표적인 사례가 비정규직 노동자들이다. 원칙적으로 비정규직 노동자들은 사업주의 산재보험 가입 유무와 상관없이 산재보험을 적용받을 수 있다. 그럼에도 불구하고, 고용 관계가 불안정하기 때문에 사업주가 산재보험에 가입하지 않는 경우가 많고, 가입되었더라도 본인이 적용받을 수 없다고 생각하거나 아예 신청 자체를 포기하는 경우가 많다.

두 번째는 전통적인 고용 관계에서 벗어난 특수 고용 형태의 노동자 유형이다. 2021년 〈산업재해보상보험법〉 개정 전엔 실질적인 고용 관계 속에서 일하고 있음에도 개인 사업자라는 논리로 산재보험을 적용받지 못하는 경우가 많았다. 그러나 최근 들어 특수 고용 노동자들이 산재보험에 가입할 수 있는 특례 조항이 신설되어 사업주와 본인이 50%씩 보험료를 부담해 산재보험 적용이 늘어나고 있다. 그렇지만 여전히 산재보험 적용이 획기적으로 늘어나고 있지는 않다. 비정규직 노동자의 경우에 비해, 사업주가 산재보험에 가입하지 않는 경우가 많아서 특수 고용 노동자들이 산재보험 가입 여부조차 인지하지 못한 채 산재보험 적용을 못 받는 경우가 많다. 그리고 아직까지 본인이 100% 부담하는 등의 임의 가입 상태에 있는 특수 고용 형태 노동자가 상당수에 이른다.*

세 번째는 소규모 건설업에 종사하는 일용직 노동자와 비공식 부문에 종사하는 노동자 유형이다. 고용 관계의 사각지대에서 일하고 있는 일용직 노동자와 주로 가족노동 형태로 음식점 등 소규모 서비스 업종에 취업해 있는 비공식 부문 노동자들은 실제로 직업과 관련된 건강상 문제를 겪고 있지만, 공식적인 고용 관계에 있지 않아서 산재보험 자체를 적용받지 못하고 있다.

네 번째는 농민을 포함한 자영업자 유형이다. 농민들은 농작업의 특성상 매우 유해한 작업환경에서 일하기에 각종 사고성 재해와 직업병에 노출되지만, 산재보험을 적용받지는 못하고 있다. 1인 자영업자들도 산재 위험이 높은 일을 하고 있어도 사업자로 구분되기에 고용 관계에 기반한 산재보험에 가입되어 있지 않은 경우가 대부분이고, 따라서 산재로 치료받지 못하고 있다.

---

* 웹툰·웹소설 작가, 칼럼니스트, 디지털 콘텐츠 창작 노동자, 방송작가 등을 대상으로 하는 예술인 산재보험은 중소기업 사업주 특례 가입처럼 본인이 전액을 부담해야 한다. 문화체육관광부 '2021년 예술인 실태조사'에 따르면 예술인 산재보험에 개인 임의 가입 비율은 3.5%에 불과하다.

이처럼 다양한 형태의 산재보험 사각지대에서 일하다가 다치고 아파도 산재를 적용받지 못한 채 건강보험으로 치료받는 경우가 부지기수다. 그 결과로 급성기 치료 및 재활이 제대로 이루어지지 못한 상황에서 직장과 사회로 복귀하는 일이 벌어진다. 산재보험과 달리 건강보험은 요양급여에서 본인 부담이 존재한다. 중증도가 높은 입원 치료는 본인 부담이 있어도 치료받는 경우가 많지만, 치료 기간이 길어지면 본인 부담을 감당하기 어려워 중도에 치료를 포기하는 경우가 속출한다. 더욱이 중증도가 높은 질환일수록 치료 이후에 직장과 사회로 복귀하려면 재활이 매우 중요한데, 산재보험과 달리 건강보험은 재활이 잘 이루어지지 않는다. 입원 치료 기간보다 훨씬 더 오랜 시간이 걸리는 것이 재활이다. 건강보험의 경우 소득 상실을 보상하는 기전이 없기 때문에 장기간에 걸친 재활을 감당하기가 힘들다. 재활 치료비 부담뿐만 아니라 재활 기간 동안 일을 중단하면서 발생하는 임금 등 소득 상실에 따른 압박이 크기 때문이다. 따라서 초기 집중 치료만 건강보험으로 받고, 제대로 재활 치료를 하지 않은 상태에서 직장과 사회로 복귀하는 것이다.

이처럼 상당수의 OECD 국가들과 달리, 정규직 노동자를 제외하고는, 많은 노동자들이 산재보험의 사각지대에 놓여 있다. 따라서 현행 산업재해 통계는, 적용 대상이 되어야 할 다수의 노동자들이 배제된 채 생성되는 만큼 그 한계가 명확하다. 이런 문제를 해결하지 않고 다른 OECD 국가들과 산업재해 통계를 비교한다는 것 자체가 여러 오해를 불러일으킬뿐더러 정부 정책을 잘못된 방향으로 이끈다.

산재를 감추는 사업주

현행 산재보험 제도는 사업주가 산재를 은폐하도록 유도한다. 그래서 산재보험을 알고 있는 노동자도 신청 자체를 포기하거나 일부만 적용받기 일쑤다. 이런 제도적 특성이 두드러지는 대표적인 사례가 산재보험 요양급여 청구 신청을 받은 근로복지공단에서 그 사실을 소속 사업장의 보험 가입자인 사업주에게 알리고 사업주의 의견을 듣게 되어 있는 문제이다. 사업주가 사업장에서 산재가 발생했음을 인지하고 사실 관계를 확인함으로써 예방 조치를 하도록 만든다는 취지라고 생각할 수 있지만, 실상은 그렇게 작동하지 않는다.

지금처럼 산재 노동자에게 발병한 질병의 원인이 업무 또는 직업 때문임을 입증하라는 책임을 부과하면서 사업주에게 산재 청구 사실을 알려 주면 사업주의 부정적인 행동이 유발될 수 있다. 산재로 인정되면 정부로부터 산재 발생에 대한 벌칙을 받을 수 있는 사업주는 노동자가 산재보험 신청을 포기하도록 유도하거나 입증하기 어렵게 만들 가능성이 크다. 과거처럼 사업주 날인을 받지 않는 등 진일보한 측면이 있지만, 요양급여 신청 시 바로 사업주에게 알리고 산재에 대한 의견을 듣겠다는 건 비상식적이다. 노동 현장의 비민주성이 매우 심각한 수준인 한국의 노동관계 속에서 제도적 폭력으로 연결될 수밖에 없고, 일터에서 사업주가 산재를 은폐하는 기전으로 작동하게 된다. 사업주가 회사 사정을 이야기하면서 산재보험이 아닌 건강보험 등으로 치료받으라고 하는데, 이를 거부할 노동자는 많지 않을 것이다. 특히 고용 불안전성이 심한 노동자의 경우 이를 거부하기란 불가능에 가깝다.

만약 요양급여 신청을 본인이 직접 할 필요 없이 질병과 업무 관련성이 있다고 확인되면 의료기관에서 산재 요양급여 신청이 이루어지고 요양급여를 받는다면 산재를 은폐하기도 불가능하다. 물론 의료기관에서 업무 관련성 분류를 잘못해 신청을 못 했을 경우 지금처럼 당사자가 직접 신청할 수 있도록 하는 제도가 병행되면, 신청 절차로 말미암아 산재보험에 접근하지 못하는 문제는 상당히 해결될 수 있다. 만약 근로복지공단에서 볼 때에 요양급여 신청이 적절하지 않고 급여 제공이 적절하지 않다고 판단하면 건강보험처럼 근로복지공단에서 요양급여 청구 심사 후 업무 관련성이 없음을 반증하면 된다. 그 과정에서 사업주의 의견을 듣는 절차를 갖는다면 이를 비판할 이유는 없을 것이다.

산재 이후 사후적인 행정처분 방식으로 산업안전보건 행

정을 수행하는 것도 사업주의 산재 은폐를 부추기는 요인 가운데 하나다. 처음엔 산재 노동자가 산재보험의 적용을 받는 것을 반대하지 않던 사업주도 산재 발생이 근로감독관에게 보고되고 그로 말미암아 사업장 문을 닫게 하는 행정처분이 예상되면 산재를 은폐하기 일쑤이다. 소규모 사업장일수록 그런 경향이 더 커진다. 이런 기전이 작동하기 때문에 가급적 사업주는 산재가 건강보험으로 처리되기를 희망하고 본인 부담의 일부를 보전해 주는 정도로 마무리되기를 바란다. 이런 방식으로 산재임에도 산재보험으로 처리되지 않는 경우가 사업장에서 흔하게 발생하는데, 이는 '공상 처리'라고 불리고 있다.

원래 공상公傷이란 공무원이나 공무원에 준하는 노동자가 공무를 수행하면서 손상이 발생한 것으로, 장애나 소득 상실 등이 발생한 경우 이를 공무원 연금을 통해 보상받게 되면 공상으로 처리했다고 한다. 그러나 산재보험으로 신청되어 요양 급여를 받아야 하지만 이를 임의로 건강보험으로 처리하고 본인 부담을 사업주가 보상해 주는 것은 공상 처리가 아니라 산재 은폐 처리라고 함 직하다.

더 나아가 노동자가 그렇게 청구하도록 회유하는 일들도 벌어진다. 사용자 배상책임보험 성격이 강한 산재보험 제도하에서는 이런 회유가 법률에 위배되지 않는다고 유권해석을 내리고 있기 때문에 사업주는 이를 매우 일상적인 노무관리 정도로 이해할 개연성이 크다. 이 같은 제도적 특성을 제거하거나 구조 변경을 하지 않는 한 산재 통계도 실제 현실을 반영하지 못할 것이다.

노동자의 건강은 왜 좋아지지 않을까?

2장

기계 부품으로 취급받는 노동자

일부 자산가를 제외하고 대다수 사람들은 누군가에게 고용되거나 플랫폼을 통해 일을 하고 임금을 받아 생활한다. 누군가를 고용해 사업하는 사람이 아니라면 1인 자영업자를 비롯해 경제활동인구의 대다수는 노동자다. 흔히 전문직이라고 하는 의사, 변호사도 상당수가 노동자다. 그러나 우리 사회는 노동자라는 말을 터부시한다. 일하는 사람들 대다수가 노동자인데, 노동자라 하면 사회경제적 지위가 떨어지는 하층민인 양 이해한다. 여기에 이데올로기적인 이미지까지 덧씌운다. 왠지 거칠고 소통하기 힘든 집단이라는 이미지를 오랫동안 재생산해 오고 있다. 1970, 80년대처럼 사회불안을 야기하는 위험 집단이라며 자극적 이미지를 부각하는 일은 많이 줄어들었지만, 그 빈자리에 집단 이기주의 이미지가 채워지고 있다.

의도했든 의도하지 않았든 지배 언론의 덧씌우기는 집요하다. 정규 교육과정에서 이루어지고 있는 노동의 희화화는 매우 가학적이다. 가족을 부양하는 부모의 '노동'이 극복해야 할 대상이 되고, 가르치는 '노동'을 하는 선생님을 노동자에서 제외해 노동의 가치를 절하한다. 지속적인 노동의 희화화를 통해 학생들의 미래에서 '노동자'는 떠올리기 싫거나 어쩔 수 없는 선택으로 여겨진다. 명문 대학교에 진학하고 대기업이나 연구직 또는 전문직의 삶을 희망하는 학생들에게 노동은 벗어나거나 발을 들이지 말아야 할 영역이다. 모두가 노동을 하는데 스스로 노동자라고 의식하지는 않는다. 구상과 실행의 분리라는 노동의 이중화가 극단적으로 작동하는 곳이 바로 대한민국이다. 노동의 희망과 미래를 이야기하는 노동조합 간부가 공부 잘하는 자식에게 노동자의 삶을 살아가지 말라고 말하는 역설적인 현실이 우리의 자화상이다.

　이런 상황에서 노동은 하찮고 누군가에 의해 언제든 대체될 수 있다는 생각이 깊이 자리 잡았다. 유교적 전통과 결합된 가부장적이고 전근대적인 사회문화적 맥락, 해방과 한국전쟁을 거치면서 내재화된 반공 이념이 결합된 반인권적 사회 환경 등이 그런 관념의 형성과 밀접하게 관련되어 있을 것이다. 더 근원적으로는 한국 자본주의의 비정상적인 성장 과정이 노동자의 권리 의식을 약화하는 기제로 작동했다. 한국 자본주의가 성장해 온 역사를 보면, 노동자의 권리가 침탈당한 역사라고 해도 과언이 아닐 정도로 노동의 도구화가 심화되어 온 과정이었다. 고故 김민기 씨가 제작한 연극 〈공장의 불빛〉은 이를 가장 명징하게 보여 준 작품이라고 할 수 있다.

서구의 역사는 봉건제 해체와 자본주의 성장을 기반으로 토지에 긴박되어 있던 강제 노동이 시장의 경제외적강제로 대체되었고, 그 과정에서 부분적이나마 노동자를 자유로운 계약의 주체로 존중하는 태도가 형성되었다. 물론 노동자의 처절한 투쟁과 희생이 있어서 가능했다. 그렇지만 한국은 그렇게 되지 못했다. 수많은 노동자의 투쟁과 희생이 있었지만, 노동의 존귀함과 기쁨은 물론이고 노동의 가치마저 헌신짝처럼 버려졌다. 노동이 삶의 일부이자 나의 정체성을 설명하는 존재가 아니라 삶을 연명하기 위해 어쩔 수 없이 해야 하는 것으로 전락했다. 노동의 가치가 이렇게 평가 절하된 까닭에 좀 심하게 말하면 이제 노동자는 언제든지 소모되면 버려지거나 대체되는 기계의 부품 정도로 여겨졌다.

노동과 노동자에 대한 폄훼는 결국 노동자의 건강을 폄하한다. 노동으로 인한 건강의 상실이 사회적 비용으로 계산된다. 노동으로 인한 육신의 상처는 비용으로 환산되고 비용이 너무 많이 발생하면 산업예비군으로 대체된다. 노동에 쓸모 있는 몸뚱이가 아닌 사람에게 남는 것은 비루한 삶을 구걸하거나 이 체제의 끝자락에서 연명하는 길뿐이다.

과도한 해석인가? 일 때문에 건강을 잃은 노동자가 어떻게 살고 있는지를 보라! 가족 같은 직장은 건강할 때만 해당된다. 건강을 잃은 노동자에게 다시 건강을 되찾고 직장에 복귀할 시간은 허용되지 않는다. 회사에 들어오고 싶은 사람이

줄을 서 있다며 떠날 것을 요구한다. 동료 노동자들마저 비난
의 행렬에 동참한다. 매일매일 이런 광경을 목도하는 노동자
는 자신의 몸이 완전히 망가질 때까지 참고 일한다. 결국 완전
히 닳아 버린 기계 부품처럼 노동자는 직장을 잃고, 그제야 산
재보험을 적용받는 은전을 누릴 수 있다.

노동자 건강을 악화하는 사회경제 구조*

어디서 잘못된 것일까? 한국 자본주의 체제의 발전 과정
과 특성을 보면 그 실마리를 조금 찾을 수 있다. 1980년대 이
후의 한국 사회경제 구조는 대량생산 체제라고 알려진 포디즘
체제로 정의될 수 있다. 포디즘 체제는 안정적 임금에 기반한
대량 소비가 가능해야 성립할 수 있는 체제다. 이때 사회보장
제도가 작동해 안정적인 경제적 수요를 창출하고 생산성이 담
보되어야만 포디즘 체제의 안정성이 보장될 수 있다.

그러나 생산성에 기반한 시장 경쟁력이 취약한 상황에서
대량생산 체제를 구축할 수 없었던 한국은 일반적인 포디즘

---

* 필자가 저자로 참여한 『성공의 덫에서 벗어나기 2: 상생과 연대로 나아가는
길을 찾아』(서울: 후마니타스)에 실린 「보건의료 패러다임 전환과 개혁」의 본문
중 일부를 재구성해 작성했다.

체제와 다른 길을 요구받았다(여유진 등 2017). 바로 생산성보다는 저임금에 기반한 가격경쟁력으로 내수보다는 수출 주도적인 대량생산 체제를 유지하는 길이다. 노동력의 재생산 비용을 줄이지 않고서는 안정적인 대량생산 체제를 유지할 수 없던 상황에서 불가피한 선택이었는지도 모른다.

가격경쟁력에 근거한 빠른 성장은 임금에 영향을 주는 요인에 대한 가격통제를 유지하느냐가 관건이었다. 노동을 해서 임금을 받고 생활이 가능해야 다시 노동을 할 수 있다는 점에서 다시 노동할 힘을 만드는 비용, 즉 노동력의 재생산 비용에 해당하는 노동자 가계의 의식주 비용과 교육, 의료 등의 서비스 비용에 대한 가격통제가 강화되었다. 이렇게 노동자의 노동력 재생산 비용을 줄여 임금 인상을 억제하는 정부 정책이 지속적으로 관철되면서, 의료비로 인한 가계 부담이 임금에 미치는 영향을 최소화하려는 흐름이 만들어졌다. 또한 건강보험과 산재보험의 수가 통제와 급여 제한을 통해 의료비를 통제하려는 전략이 공보험 체계 전반을 지배했다.

가격경쟁력에 기반한 포디즘 체제는 정규직과 비정규직, 대기업과 중소기업 등으로 노동시장이 분화되는 구조적 유인으로 작동했다. 대량생산 체제를 유지할 기반 자체가 허약한 한국의 포디즘 체제는 과잉생산과 같은 포디즘 체제의 구조적 문제를 내포하면서 경제구조 전반의 불안정성을 심화하고 위기를 증대했다. 수출 주도 중공업화 전략으로 자본의 유기적 구성이 상승하면서 이윤율 저하 경향이 커졌지만, 이를 상쇄할 만한 생산성은 더디게 상승하면서 자본의 이해를 대변하는 정부는 과거의 저임금 전략을 노동시장 분화를 통해 해결하고자 했다. 점증하는 대기업 정규직 노동자의 임금 인상 압박에 대해 하청 계열화 및 중소 규모 사업장과 서비스 부문에 희생을 강요하는 방향이 바로 그 해법이었다.

그 과정에서 노동자 연대의 상징인 동일노동 동일임금 원칙은 모든 노동자에게 적용되지 않고 정규직 노동자에게만 적용되는 특권인 양 오도되는 상황이 정착되었다. 끊임없이 노동시장의 분화를 통해 새로운 희생자 찾기가 이어졌다. 사회경제 구조의 불안정성은 지속적으로 커졌고, 위기가 축적되었다. 총소득에서 노동자의 몫은 점점 줄어들었고, 임금에 근거한 내수 시장의 정체가 심화되었다. 내수에 중요한 부문을 차지하는 사회보장제도 역시 매우 빈약한 수준을 넘지 못했고, 그 결과로 사회경제적 불평등과 갈등이 커졌다(김유선 2019).

한국형 포디즘 체제는 1987년 노동자 대투쟁을 거치면서 임금이 인상되고 전 국민 의료보험 도입 등 노동비용의 상승 압박이 커지면서 매우 폭력적인 방식을 통해 신자유주의 체제로 전환되었다. 1997년 IMF(국제통화기금) 금융 위기 이후 한국에서 이중 노동시장 정책은 훨씬 더 강화되었고, 규제 완화라는 논리로 경제적 규제 장치뿐만 아니라 사회적 규제 장치도 약화되었다. 중심부 노동에 대한 체제 내화가 강화되었고,

주변부 노동에 대한 구조적 차별이 더 커졌다. 신자유주의 체제하에서 한국형 포디즘 체제의 불안정성이 더욱더 차별적인 방식으로 이어졌다. 노동자라는 명칭이 연대와 통합이라는 가치로 호명받지 못하고 차별의 언어로 호명받는 상황이 강화되었다. 최근 플랫폼 자본 및 노동의 증가에 이르기까지 한국 노동시장의 차별적 구조는 훨씬 중층화되었다. 더욱이 여성의 경제활동 참여가 증가함에 따라 노동시장에서 여성 노동의 주변부화 경향이 강화되었다. 서비스 부문의 낮은 임금을 유지할 수단으로 여성의 노동이 자본에 의해 활용되었다.

한국 자본주의가 성장하는 일련의 과정에서 노동자는 성장의 동력이자 체제의 안정성을 유지하는 힘으로 받아들여지기보다는 자본의 이윤을 높일 수단쯤으로 가치 절하되고 언제든지 대체 가능한 기계 부품으로 인식되는 경향이 강고하게 유지되고 있다. 그리고 노동의 이중화를 통해 대체 가능한 노동을 노동자로 범주화하고 체제에 포섭된 노동은 마치 노동에서 벗어난 자본의 파트너라는 신화를 만들고 있다. 물론 자본의 파트너조차도 언제든지 새로운 파트너로 대체되고 그 과정에서 훨씬 더 가혹한 노동이 기다리고 있을 뿐이지만 말이다. 결국 이런 구조는 노동자 건강의 근원적 고통으로 작용한다.

전시용 〈산업안전보건법〉의 태동

폭압적인 군사독재 시절도 아닌데 전쟁 같은 노동이 지속되고 수많은 노동자가 산재로 목숨을 잃거나 장애를 입고 있다. 이는 노동자의 사회적 권리가 제약되어 있는 제반 사회경제적 요인이 복합적으로 작용한 결과이다. 그런데 노동자의 건강을 기계 부품처럼 여기게 만드는 사회구조적 요인은 산업안전보건 체계의 부실함과 결합해 더욱 심각한 위기 상황을 야기한다.

현행 〈산업안전보건법〉과 관련 제도는 노동자의 안전과 건강에 초점을 맞추기보다는 사업주의 경제적 이해에 충실한 법과 제도라고 해도 과언이 아니다. 대다수 OECD 국가의 경우 일반적으로 산업안전보건법이 시행되면서 사망만인율로 대표되는 중대 재해가 대폭 줄어드는데 한국만 예외다. 1981년 12월 〈산업안전보건법〉이 제정되고 1982년 7월 시행되었으나 시행령이 8월에 제정되어 1983년에 실제로 적용된 셈인데, 1982년과 1983년 이후 산재로 인한 사망자 수가 감소하지 않았다. 오히려 증가했다. 통계청 자료를 보면 사망만인율의 통계는 1991년부터 제시되고 있는데, 사망만인율 역시 계속 증가하고 있다. 왜 그럴까? 〈산업안전보건법〉의 태동에서부터 그 원인의 단초를 확인할 수 있다.

앞서 말했듯이 〈산업안전보건법〉은 1981년에 제정되었다.

표 2-1 〈산업안전보건법〉제정 이후 사망자 수와 사망만인율(1982~2000년)

	1982	1983	1984	1985	1986	1987	1988	1989	1990
사망자 수	1,230	1,452	1,667	1,718	1,660	1,761	1,925	1,724	2,236
사망만인율	–	–	–	–	–	–	–	–	–

	1991	1992	1993	1994	1995	1996	1997	1998	1999	2000
사망자 수	2,299	2,429	2,210	2,678	2,662	2,670	2,742	2,212	2,291	2,528
사망만인율	2.90	3.44	3.18	3.68	3.37	3.27	3.33	2.92	3.08	2.67

자료: 고용노동부, '사망재해 현황 및 분석', 「산업재해현황」, 2000, 〈국가통계포털〉(KOSIS), 2024.11.27.(확인일).

그런데 대다수 OECD 국가의 안전보건 제도가 노동자들이 자신의 권리를 쟁취하기 위한 노력의 산물이었다는 점과 비교할 때에 한국의 〈산업안전보건법〉은 매우 엉뚱하게 제정되었다. 쿠데타와 광주 시민에 대한 학살을 통해 집권한 전두환 정권은 권력의 정당성을 확보하기 위해 전시용 제도가 필요했다. 마치 노동자의 안전보건을 걱정하는 정권인 양 일본의 법과 제도를 그대로 가져와 〈산업안전보건법〉을 제정했다.

제정된 〈산업안전보건법〉의 내용을 보면, 시행령을 통해 이 법의 적용을 받지 않아도 되는 사업의 범위를 광범위하게 설정해 제조업, 건설업 등 일부 업종만 규제의 틀에 포함했고, 사업장 규모에서도 5인 미만의 사업장을 제외함으로써 안전보건 규제가 매우 제한된 범위에서 이루어지도록 했다. 그렇지만 더 결정적인 문제는 정부가 제정된 법률을 집행할 의지가 없었다는 점이다. 형식적인 틀을 만드는 것이 목적인 정권에서 〈산업안전보건법〉은 홍보용에 불과했다고 말해도 과언이 아니었다. 법률에 규정된 사업장에서 수많은 노동자가 산재로 목숨을 잃고 있었음에도 〈산업안전보건법〉을 통해 엄중한 처벌이 내려지거나 기업의 안전보건 조치가 전면적으로 제고된 사례를 거의 찾아보기 어려운 이유가 여기에 있다.

노동자 건강을 지키지 못하는 산업안전보건 체계

산업안전보건 체계는 1987년 노동자 대투쟁 이후 큰 변화를 맞이하게 된다. 특히 서문에서도 살폈듯이, 문송면 군 수은 중독 사건, 원진레이온 투쟁 등을 겪으면서 많은 노동조합들과 산업안전보건 단체들이 생겨났고 대책 활동 등을 펼치며 산업재해 문제를 공론화하기 시작했다. 그리고 정부와 기업에 대해 끊임없이 문제를 제기했다. 그럼에도 실질적인 변화는 거의 찾아보기 어려웠다.

그런 와중에 노동조합에서 노동자 건강의 중요성에 대한 인식이 확대되며 외부 전문가에게 의존하는 활동 방식이 줄어들었다. 노동조합의 역량을 키워 노동자 건강 지키기 활동을 전개해야 한다는 목소리가 커졌고, 노동조합 활동가 교육을 강화하는 등 지난한 노력이 이루어졌다. 중앙과 산별 단위 노조에 산업안전보건 담당자가 생겨났고 단위 사업장에 산업안전보건위원회를 만들기 위한 활동이 조직적으로 이루어졌다.

한국 노동조합운동의 산업안전보건 활동

1990년 결성된 전국노동조합협의회(전노협)는 조직 산하에 산업안전보건국을 두고 산재 실태 조사, 노동조합 활동가 교육 등을 진행했다. 전노협의 산업안전보건 활동에 대해 전국 주요 도시와 공단 지역에서 활동하는 보건의료 단체, 노동단체들이 인적·물적으로 지원했다.

전노협 해산 후 1996년 전국민주노동조합총연맹(민주노총)이 결성되었고 산하에 노동안전보건실을 두었다. 민주노총 노동안전보건실은 개별 노동조합 활동에 대한 지원과 함께 정부의 산재 예방 정책 평가, 제도 개선 관련 활동을 강화했다. 한국노동조합총연맹(한국노총)은 산하에 산업안전보건본부를 두고 산재 예방 캠페인, 산재보험 교육 등을 했다. 한국의 노동조합운동은 정부가 외면해 온 노동환경 개선과 드러나지 않았던 산재·직업병 문제를 폭로하는 데 중요한 역할을 해오고 있다.

그러나 조직률이 13%인 상태에서 노동조합이 없는 대다수 노동자들, 현재의 노동법이 보호하지 못하는 노동자들을 위한 산재보험 제도 개혁, 건강하게 일할 권리 보장을 위한 대안 마련 등은 과제로 남아 있다.

산업안전보건 단체들도 민주 노조 만들기 운동과 결합해 노동자의 안전보건 역량을 높이고 노동조합 활동에서 안전보건 활동의 중요성을 높이는 데 집중했다. 이런 과정에서 1990년대 중반을 거쳐 산업안전보건 활동의 중심축이 노동 사회단체에서 노동조합으로 이동하게 되었다.

그렇지만 1980년대와 비교할 수 없을 정도로 노동조합의 산업안전보건 역량이 커졌고 산업재해 문제가 공론화되었음에도 불구하고, 산업재해 문제가 해결되기는 요원했다. 여전히 노동자는 죽음의 문턱에서 신음하고 있었다. 더욱이 IMF 위기를 맞이하면서 신자유주의 이념이 우리 사회를 지배하자 이중 노동시장에 기반한 노동의 차별적 구조화 현상이 강화되었다. 그리고 노동자 건강은 이런 구조와 결합하면서 문제를 해결할 실마리를 찾기 어려운 상황으로 내몰렸다.

노동조합의 역량이 강해 사업주를 견제할 수 있는 사업장에서는 위험한 작업 공정이 하청 업체나 비정규직 노동자로 외주화되었고, 그 과정에서 실제 산업재해의 원인을 생산한 원청 업체나 발주처는 그 책임과 위험 생산에 따른 부담까지 하청과 비정규직 노동자에게 전가했다. 위험은 원청과 발주처가 생산했는데, 그에 대한 부담은 더 줄어드는 황당한 일들이 신자유주의라는 이름으로 벌어진 것이다. 위험의 외주화가 전면적으로 확대되었음에도, 〈산업안전보건법〉은 산재의 위험을 생산하는 원청과 발주처에 어떤 문제 제기도 할 수 없었다. 스스로 법률적 효용성이 없는 낡은 제도임을 매일매일 드러낸 셈이었다.

이런 상황을 극복하기 위해 위험을 생산하는 원청과 발주처에 엄중한 책임을 묻고자 하는 사회운동이 전개되었다. 바로 '기업 살인법' 제정 운동이다. 원인을 야기한 기업이 책임을 방기하고 노동자를 위험한 상태에 계속 방치해 죽음에 이르렀다면 이를 '기업에 의한 살인'이라고 해도 과하지 않다는 주장이다. 영국은 2007년 기업 살인법이 제정되어 운영되었고 치명적인 중대 재해에 대한 사업주의 경각심이 커졌으며 결과적으로 중대 재해가 줄었다(『경향신문』 2020/12/24). 노동건강연대가 중심이 되어 전개한 기업 살인법 제정 운동은 많은 노동자의 안타까운 죽음이 지속되는 과정에서 조금씩 공론화되었고, 고 김용균 씨의 죽음 이후 〈중대재해처벌법〉이라는 이름으로 마침내 법제화되었다. 죽지 않고 일할 수 있도록 해달라는 노동자의 오랜 외침과 김용균 씨의 어머니 김미숙 씨의 끈질긴 싸움 덕분에 정치권의 반응을 끌어낼 수 있었다.

자본에 의한 노동의 차별적 포섭을 중층화하고 구조화하는 신자유주의 체제하에서 위험의 외주화 경향은 극단으로 치닫고 있다. 과거 '산업 역군'이라는 이름으로 대표되는 생산 만능주의의 폭력적 이념이 신자유주의 이념과 결합해 대기업의 노동비용을 줄이는 수단으로서 위험의 외주화가 광범위하게 전개되고 있다.

그런 상황에서 하청 노동자와 비정규 노동자의 건강은 점점 악화되고 정규직과의 건강 격차가 벌어진다. 〈중대재해처벌법〉은 이를 막을 몇 안 되는 안전장치이다. 항상적인 위험에 노출되어 있는 노동자에게 절대적으로 필요한 법안이다. 위험을 생산한 원청과 발주처에 정당한 책임을 물어야만 예방조치를 촉구할 수 있다.

황당하지만 이 같은 이유로 대기업을 필두로 한 원청의 입장에서는 위험을 외주화하면서 안전보건에 따른 부담을 최소화하고 이를 통해 이윤 창출을 극대화하는 데에 큰 장애물이 생겼다고 느꼈을 법하다. 대기업의 이해를 대변해 온 전경련(전국경제인연합회, 현재 한국경제인협회)과 경총(한국경영자총협회)은 〈중대재해처벌법〉을 무력화하기 위해 전방위적인 노력을 기울이고 있다. 이런 대자본의 반격이 향후 어떤 결과로 나타날지 예측하기란 쉽지 않겠지만, 원청과 발주처 등 대기업이 위험을 외주화해 발생한 노동자 건강에 대한 책임을 자발적으로 인정하지 않으리라는 점은 확실한 듯하다.

현행 산업안전보건 체계의 문제

앞서 살펴본 바와 같이 현행 〈산업안전보건법〉은 전두환 군사정권의 전시 행정 일환으로 제정되어 애초부터 실행력을 담보하기 어려웠다. 그리고 적용 대상이 제조업이나 건설업 등 전통적인 산업에 종사하는 노동자와 일터에 초점이 맞추어져 있고, 근로계약 관계라는 협소한 틀에 갇혀 있어서 실제 위험이 생산되는 과정을 포괄하기가 어려웠다. 그렇지만 이런 한계를 인정하더라도 전태일 열사의 투쟁부터 원진레이온 투쟁에 이르기까지 노동자 건강권 투쟁의 지난한 역사를 생각해볼 때 최소한 제조업이나 건설업 등의 산재 문제는 획기적으로 감소해야 마땅한데, 실제는 그렇지 못했다. 위험의 외주화가 전면화되고 있는 현 상황에서도 굴뚝 산업에 종사하고 있는 정규직 노동자의 안전보건 문제조차 그다지 나아 보이지 않는다. 해당 분야의 정규직 노동자의 건강 문제 역시 매우 위험한 상황임은 1000인 이상의 사업장 규모에서 발생하는 산재 사고 사망만인율조차 독일, 스웨덴, 영국 등 유럽 국가보다 높다는 사실에서도 확인할 수 있다. 미래를 논하는 것 자체가 사치라는 생각이 들 만큼 한국의 산업안전보건 체계는 후진적이다.

서구의 안전보건 역사를 살펴보면, 초창기 산업안전보건법 및 관련 제도가 도입된 후 제조업 등 굴뚝 산업 분야의 산재 사망이 획기적으로 줄어든다. 그리고 산업구조의 변화 및 안전보건에 대한 노동권의 강화 등과 맞물려 과거에 변방으로 밀려나 있었던 업종의 산업안전보건 문제와 직업병 문제 등이 새로운 산재 문제로 등장하고 결국 중요한 사회적 이슈

그림 2-1 한국과 유럽 국가의 산재 사고 사망만인율 비교

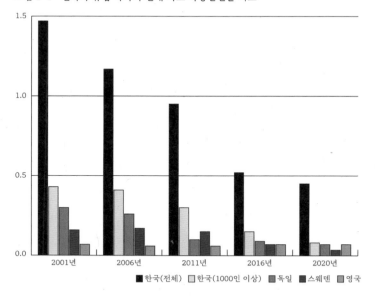

주: 영국은 2020년 자료 대신 2018년 자료를 사용했다.
자료: 고용노동부, 「산업재해 현황분석」, 2022; ILO, 〈ILOSTAT〉(https://ilostat.ilo.org),
2024.8., 〈국가통계포털〉(KOSIS), 2024.11.27.(확인일).

로 부상하게 된다. 그 과정에서 안전보건의 범위가 확장되거
나 노동하는 모든 사람의 안전과 건강을 보장하는 방향으로
산업안전보건 체계가 구축되어 간다. 그러나 한국은 이런 경
로를 밟지 않고 있다. 과거의 문제는 전혀 해결되지 않은 채
새로운 문제가 중첩되어 나타나는 혼돈의 양상을 띠고 있다.

무엇이 문제인가? 앞서 살펴보았듯이 법 제정 동기가 목
적에 부합하지 않아 〈산업안전보건법〉이 노동자의 관점에서
노동자의 건강권을 적극적으로 보장하는 방향으로 제도화되

지 않았다. 오히려 사업주의 책임 범위를 최소화하기 위한 방편이 되어 방어적이고 소극적인 방향으로 제도화되었다. 노동자의 대항 권력 및 대응력이 부재하고 사업주 주도의 일방적인 노사 관계가 지배적인 상황에서, 어찌 보면 사업주의 이해에 기반한 〈산업안전보건법〉이 수립되었다고도 볼 수 있다.

1987년 민주화 투쟁과 노동자 대투쟁 이후 산재 문제의 심각성을 노동자들이 크게 깨달으면서 노동운동의 중요한 과제로 등장했을뿐더러 사회적인 관심사로 부각하기 시작했다. 여기에 보건의료 전문가와 법률 전문가 등 사회 각계 전문가 집단이 노동자 건강의 심각성에 대한 여론을 환기하는 데에 일조하면서, 노동자 건강 문제를 단지 생산을 위한 도구적 개념으로 이해할 것이 아니라 노동자의 기본적 권리로 받아들이고, 노동자 건강이 생산의 목적이자 전제가 되어야 한다는 의식으로 발전했다.

물론 아직까지 산업재해 문제 또는 노동자 건강권의 주제가 노동운동의 핵심 이슈로 전면화되었다고 보기는 어렵다. 그렇지만 최소한 공론장에서 건강에 대한 노동자의 요구는 점차 모든 논의의 출발이고 그 전제가 되어야 한다는 것이 당연한 원칙으로 받아들여지고 있다.

그러나 이렇게 변화하는 상황에서도 현행 〈산업안전보건법〉과 그 체계는 여전히 사업주의 이해를 실현하는 도구로 강력한 위력을 발휘하고 있다. 노동자의 건강이 생산의 목적이자 전제가 되어야 한다는 관점과 철학이 반영되기는커녕 점차 커져 가는 노동자의 요구와 목소리를 담아낼 만한 최소한의 내용과 형식조차 갖추지 못한 것이 현실이다. 〈산업안전보건법〉은 사업주가 지켜도 그만, 안 지켜도 그만인, 생산과정에서 귀찮은 고려 요인 중 하나에 머물러 있다.

그럼에도 오랫동안 〈산업안전보건법〉의 한계에 대한 문제 제기가 이어졌고, 2020년 〈산업안전보건법〉의 전부 개정이 이루어진 점은 성과임에 틀림없다. 1990년 민주 노조 운동의 영향으로 노동자의 참여권 등을 담아 전부 개정이 이루어진 이래 거의 30년 만의 전부 개정인데, 2018년 12월 한국서부발전 비정규직 노동자 김용균 씨의 죽음 이후 유족과 시민사회의 압박 속에 일부 유해 위험업무 도급을 금지하고, 제한적이나마 보호 대상 확대와 원청 기업 책임 강화를 뼈대로 한 개정이었다. 이 전부 개정안은 1987년 체제의 완성이라 할 만큼 산재 대상 사업장 및 인정 기준이 확대되었다는 점에서 상당히 진전했다고 볼 수 있다. 그렇지만 현행 〈산업안전보건법〉이 바탕을 두고 있는 가치 체계의 근본적 혁신을 일구었다고 보기는 어렵다. 무엇보다 여전히 고용 관계라는 틀에서 벗어나지 못하고 있다. 이런 한계 탓에 〈산업안전보건법〉은 노동자의 권리를 보호하기 위한 인권적 보루라는 성격보다는 자본의 이익을 지키기 위한 타협의 산물이자 사업주를 보호하기 위한 법적 규정에 불과하다는 비판에서 자유롭기 어렵다.

약화된 노동자 연대, 개별화된 노동자 건강

자본은 끊임없이 노동의 특성에서 구상과 실행을 분리하고 숙련노동과 비숙련노동을 구분하려 한다. 자본의 포섭 전략이 강화되는 와중에 중심부 노동과 위험의 외부화가 일상화되는 주변부 노동의 분리가 당연하게 받아들여진다. 더 나아가 플랫폼을 유지하고 새로운 플랫폼을 생산하는 첨단 기술노동과 플랫폼 속에서 노동자성의 지위를 탈각해 가는 플랫폼노동의 분리가 강화된다. 끊임없이 노동자를 생산과정 내에서 분리하고 권력관계를 만들어 낸다.

이렇게 노동자 내부의 권력관계를 형성하도록 유도하면서 노동자의 연대는 지속적으로 약화된다. 행정, 입법, 사법 등 막강한 권력 자원과 물리력을 지닌 자본에 대항하는 노동자의 전통적인 힘의 원천은 단결과 연대일 텐데, 노동의 이중화 경향이 강화되면서 연대는 약화된다. 더욱이 산업구조 및 인구사회구조의 변화 속에서 노동자의 연대가 구조적 위기를 맞고 있다.

경쟁, 배제, 차별이 일상화된 사회에서 연대란 쉽지 않다. 하루하루의 삶을 버텨 나가는 것조차 버겁다. 연대란 소통과 공감에서 출발할 텐데, 타인과의 소통과 공감은 점점 설 자리를 잃고 단절과 갈등이 자리를 잡는다. 공감은 타자와 지속적으로 관계를 맺음으로써 가능한데, 관계는 단절되어 있고 정보의 흐름이 이를 대체한다. 정보의 흐름은 개별화된 선호의 정치적·사회적·문화적 구획을 만들고, 지배 권력과 대항 권력은 이런 구획을 구조화한다.

노동의 지위에 따라 정도의 차이는 존재하겠지만, 소통과 공감이 없는 노동 속에 노동자는 고립되고 두렵다. 타자와의 관계 속에서 노동의 가치가 인정될 수 있을 텐데, 타자는 눈에 보이지 않고 삶의 무게만 짓누른다. 사회는 지속적으로 노동의 가치를 훼손하고 노동을 벗어나 삶의 가치를 누리라고 이야기한다. 노동은 정글이니 여기서 타자는 적이고 살기 위해 차별과 배제를 생활화해야 한다고 가르친다. 소통은 가식으로 변질되고 나를 음해할지 모르는 타자에게 나를 드러내지 않으려 가면을 쓰고 하루하루를 생활한다.

차별과 배제의 노동은 노동의 가치를 훼손할 뿐만 아니라 노동자의 건강을 근원적으로 훼손한다. 불건강이 타자와 같이 일하는 생산과정에서 발생하고 소비의 지점의 경우 타자와 관계를 맺는 과정에서 건강 악화가 발생하는데도 대부분 참고 견뎌 낸다. 상당수의 건강 문제가 일터 환경과 업무 과정에서 발생하는데 회사는 건강이 '너의 문제'라고 규정한다. 조직 내 차별과 배제가 정서적 소진을 심화하고 심혈관계와 내분비계의 항상성을 깨뜨리고 질병의 그림자를 드리우지만 '너의' 고용조건과 역량을 탓해야지 회사는 잘못이 없다고 한다.

과도한 업무 강도와 시간, 업무 스트레스로 술을 마시고 담배를 피우지 않고서는 버티기 쉽지 않은 노동 현실에서 노동자의 건강관리 프로그램을 통해 건강 문제가 술과 담배를 탐닉하는 노동자의 나쁜 생활 습관 때문에 발생한다는 생각이 자리 잡는다. 감정 노동을 하는 노동자의 정서적 소진과 신체적·정신적 건강 문제는, 그런 위험을 기획하고 생산한 회사의 책임이 아니라, 과도한 민원과 심한 욕설을 해대는 소비자의 무지와 무례함이 원인으로 지목된다.

그리고 노동자에게 건강은 일터 밖에서 찾으라고 권유한다. 건강 악화의 책임이 개별화되면서 열심히 필라테스를 하고 스포츠센터의 문을 두드린다. 각종 영양제를 먹고 내일의 고통을 대비한다. 내가 차별과 배제의 대상이 되지 않도록 나를 단련한다.

우리는 왜 이렇게 살아야 하는 걸까?

차별과 배제가 노동자의 언어가 되어서는 안 된다. 노동 과정 밖에서만 찾을 수 있는 행복과 건강은 반쪽짜리에 불과하다. 나를 포함해 타자의 이해를 실현하기 위해 생산하고 노동하는 것이라면 생산과 노동의 과정은 행복하고 건강해야 한다. 노동이 건강하고 행복하지 않다면, 우리의 노동이 노예의 노동과 무엇이 다른가? 우리가 정말 자유로운 인간이라고 이야기할 수 있을까? 노동이 행복하고 건강하려면 지금의 노동의 가치를 타자와의 관계 속에서 인정받고 인정해야 한다. 역량과 종류의 차이가 차별과 배제의 이유가 되지 않고 그 자체로 인정되고 공유되는 노동은 불가능하지도 않고 우리를 풍요롭게 할 것이다. 그런 미래를 꿈꾸지 않는다면 지금 우리가 발딛는 현실은 너무 참혹하다. 자본의 탐욕은 인간을, 노동을 파편화하고 차별과 배제를 정당화하려는 시도를 멈추지 않을 것이다. 그런 시도를 막아 내는 힘은 고립된 노동을 통해서는 찾을 수 없을 것이다. 나를 가로막고 있는 근원적 고통과 두려움은 옆에 있는 나의 동료와 소통하고 공감하고 연대할 때 비로소 사라질 것이다.

노동자의 연대성 약화는 필연적으로 노동자의 건강권을 스스로 침해하는 것으로 이어진다. 위험의 외주화에 대한 대기업 노동조합의 침묵이 바로 그런 모습이다. 특정 생산공정에서 중대 재해가 발생하면 위험을 생산한 사업주에 맞서 노동조합의 대응이 강화되는 건 당연한 일이다. 그러나 투쟁의 결과가 생산공정의 개선으로 이어지지 않고 차별을 구조화한다. 임금 인상과 정규직 노동자가 안전한 공정으로 자리를 옮기는 조건으로 위험한 공정을 개선하는 대신 하청 노동자와 비정규직 노동자가 그 자리를 대체한다. 이를 대기업 노동조합이 합의해 주고 있다.

산별노조, 더 나아가 총 노동의 관점에서 산업안전보건 문제를 다루지 않고 기업별 노조 차원의 결정으로 다루면서 민주노총과 한국노총은 위험의 외주화를 반대하는데 생산 현장에서는 위험의 외주화를 받아들이는 딜레마에 빠지고 있다.

이런 상황에서 노동자의 건강은 나빠질 수밖에 없다. 생산과정의 위험을 방치하는 한 대기업 정규직 노동자의 건강 역시 위험에서 완전히 벗어나기 어렵다.

사실 노동자의 산업안전보건에 관한 권리는 보편적인 사회권임을 내세우지 않더라도 근대적인 계약관계 측면에서도 마땅히 보장받아야 할 노동자의 권리다. 한국의 〈산업안전보건법〉은 근로계약에 기초하는 〈근로기준법〉이 근거 법령이라고 할 수 있다. 이런 법률 체계에 기초하고 있더라도 노동자와 사업주가 맺는 근로계약은, 노동자의 노동 일반을 사업주가 사용할 수 있도록 계약하는 것이 아니라, 노동자의 노동력을 일정 시간 동안 사용할 수 있도록 하는 계약이라는 점에서 노동자 건강권이 보장되어야 한다.

일반적으로 노동력 사용 계약의 대전제는 노동력을 재생산할 수 있어야 한다는 점이다. 이를 위해 안전하게 일할 환경을 제공할 의무가 사업주에게 있다. 만약 사업주가 노동력의 복원에 관심이 없고 당장 생산과정에 계약한 노동자의 모든 노동을 투입하려고 한다면 노동자의 노동력에 심각한 손상이 발생할 것이고 노동은 불가능해진다. 이런 방식으로는 자본주의의 지속 가능성이 보장되지 않기에 사업주는 엄격하게 노동력 재생산이 가능한 조건을 확보해야 한다는 전제하에 근로계약을 체결하는 것이다. 이것이 근대적 〈근로기준법〉의 성립 조건이다. 따라서 한국에서 주로 이루어진 장시간 노동은 노동력을 재생산할 수 없게 만든다는 점에서 비정상적인 근로계약인 셈이다. 이른바 노예 계약과 다름없다.

근대적 근로계약은 비정상적인 근로계약이 노동자의 노동력을 근원적으로 파괴하고 지속 가능한 노동을 불가능하게 한다는 점에서 이를 엄격하게 규제하고 있다. 〈근로기준법〉은 노동자의 노동 일반에 대한 사업주의 사용 권한을 제한하고 있고, 노동력의 재생산을 전제한 노동력 사용만을 계약할 수 있도록 규정한다. 당연하게도 노동력 사용 과정에서 노동력의 재생산 비용인 임금과 휴게 시간을 제공했음에도 노동력의 복원이 불가능해지는 상황을 예방하기 위해 공장법 제정을 거쳐 〈산업안전보건법〉을 제정해 근로계약 이전에 갖고 있는 노동력 수준을 유지할 수 있도록 사업주의 의무와 책임을 강제하고 있다. 노동자의 권리 의식이 성장하는 과정에서 건강하게 일할 권리를 보장할 수 있는 보편적인 제도적 틀을 갖추지 못했더라도 계약의 당사자인 노동자와 사업주가 동등한 입장에서 노동력의 사용이 가능하도록 하는 것이 근대적 〈근로기준법〉과 그에 근거한 〈산업안전보건법〉의 기본 이념이다.

그런데 근로계약에 기초해 노동자가 건강하게 일할 권리를 보장하는 것은 위험의 외주화로 말미암아 근본부터 흔들린다. 위험을 생산한 사업주와 근로계약을 맺지 않았음에도 하청 노동자와 외주 업체의 노동자가 모든 위험을 감당해야 하는 상황이 벌어지는 것이다. 따라서 노동자가 건강하게 일할 권리는 협소한 근로계약의 틀을 뛰어넘어야 한다. 그중 하나가 생명권으로서 산업안전보건에 대한 권리이다. 이미 오래전부터 노동자의 권리는 근로계약이라는 협소한 틀을 깨고 생명권에 대한 요구를 전면에 제기해 왔다. 1987년 노동자 대투쟁 이후 지배적인 위치를 차지했던 '죽지 않고 다치지 않고 아프지 않고 일할 권리'라는 생명권에 대한 요구라고 할 수 있다. 노동력을 계약했으니 노동력을 안전하게 사용할 의무가 있다는 전통적 시각에서 한 발 나아가 인간의 생명은 그 무엇보다 소중하기 때문에 사적 권리 주체인 사업주뿐만 아니라 사회가 생명의 위험에 처해 있는 노동자의 건강을 지켜야 할 의무가 있다는 주장이다. 사업장에서 일을 하는 노동자를 다치게 하거나 아프게 만드는 것을 사회가 더는 용인해서는 안 된다는 주장이 산재 추방 운동의 핵심적 의제로 받아들여졌다.

그러나 이런 개념 역시 여전히 소극적 관점에서 노동자의 건강을 바라본다는 점에서 한계가 있다. 모든 노동자는 산재 직업병의 위험으로부터 보호받을 권리가 있을 뿐만 아니라 더 나아가 육체적·정신적·사회적으로 건강할 권리가 존재하며, 이를 보장해야 할 책임과 의무가 위험을 생산한 모든 사업주와 발주처에 있다. 그리고 국가도 이를 법적·제도적·사회적으로 보장해야 할 책무가 있다. 이미 서구는 오래전부터 이런 적극적인 노동자 건강권 개념이 정착되었고, 한국도 점차 이런 개념으로 변해야 한다는 목소리가 커지고 있다.

거의 모든 질병 발생에 있어서 직업이 가장 중요한 요인 중 하나라는 사실이 밝혀지고 있는 가운데 사업장을 벗어나서 질병 예방과 건강증진을 생각하기 어렵다. 이런 인식의 확장 속에서 노동자의 건강 개념이 전통적인 산재나 직업병에 머물지 않고 전체 건강 개념으로 확대되어야 한다. 이런 개념의 확장은 산업안전보건 체계의 패러다임 전환을 의미하기도 한다. 사업장이라는 틀에 기초해 위험을 방지하는 근대적 의미의 〈산업안전보건법〉 체계에서 벗어나 일터와 사회가 노동자의 건강한 삶을 조직할 수 있는 훌륭한 생활터와 사회정책적 환경을 제공할 수 있도록 근원적 변화를 모색해야 한다. 이는 체제 수준의 변화까지도 염두에 두는 새로운 산업안전보건 체계를 구축해야 한다는 의미이기도 하다.

인구 사회구조의 변화와
산업안전보건 체계의 위기

3장

인구 고령화가 심화되고 있다. 우리 사회가 감당할 노인 인구는 늘어나는데, 이를 지탱할 생산 가능 인구는 줄어들고 있다. 인구 고령화는 단지 노인 인구의 증가만을 의미하지 않는다. 생산 가능 인구의 고령화 문제를 포함한다. 정년을 연장해 생산 가능 연령을 상향하는 것과 여성의 취업률을 늘리는 정책뿐만 아니라 고령화되는 노동자의 건강을 보호·관리하는 일이 점점 더 중요해질 수밖에 없다. 서구는 오래전부터 건강한 일터 환경을 만드는 일의 중요성을 인식하고 선제적 투자를 강화해 왔다. 그러나 고령화 속도가 세계에서 가장 빠른 한국은 산업안전보건 체계를 재구조화하기보다는 프로그램 수준의 건강증진 사업을 진행하는 데 머물러 있어서 실질적인 변화를 감지하기 어렵다.

인구 고령화는 질병 구조가 만성질환 중심으로 바뀐다는 것, 그리고 그에 따라 일상적인 만성질환관리 및 건강관리의 중요성이 커진다는 것을 의미한다. 또한 사고의 위험을 줄이는 것과 함께 만성질환의 위험 요인을 사업장 차원에서 관리하고 통제하는 것이 중요하다. 산재보험의 본질적인 목적과 관련되어 있는 재활의 의미도 훨씬 더 부각될 필요가 있다. 인권 차원으로 노동자 건강권을 보호하고 증진하기 위한 노력은 못 할지라도 노동자 한 명, 한 명의 노동력을 보호하고 증진하는 것이 인구 절벽 위기에 처해 있는 한국의 생존 전략이라고도 할 수 있다.

이처럼 고령화 같은 인구 사회구조의 변화가 일터 환경을 근본적으로 바꾸고 있다는 점에서 노동자의 건강을 효과적이면서 효율적으로 관리할 방안을 모색하는 것이 중요하다. 아직도 재래형 산재 문제가 줄어들지 않고 있고 이를 예방하기 위해 만들어진 산업안전보건 체계는 부실한 상황에서 새로운 노동자 건강 문제까지 대응하려 한다면 노동자 건강 문제는 더 큰 미궁 속에 빠질 수밖에 없다는 점에서 새로운 체계에 대한 고민이 요구된다.

이번 장에서는 노동자 건강을 둘러싼 인구 사회구조 등 환경의 변화를 살펴보고, 그렇지 않아도 현재의 산업안전보건 체계 및 의료 체계 속에서 노동자의 건강 문제가 심각한 상황인데, 이런 변화가 노동자의 건강을 훨씬 더 악화할 수 있음을 확인한다. 이를 통해 노동자 건강에 대한 새로운 접근 전략과 체계가 필요하다는 당위성을 확보하고자 한다.

인구 고령화와 고령 노동자 증가

평균수명이 증가하고 출산율이 떨어지면서 인구구조가 급격히 고령화되고 있다. 통계청에 따르면, 2016년에 생산 가능 인구가 최고점에 이른 후에 점차 떨어지고 있는 상황이고, 이런 추세로 2065년에 이르면, 생산 가능 인구와 고령 인구의 수가 같아질 것으로 예측된다(〈그림 3-1〉 참조).

이렇게 인구구조가 급격하게 고령화되는 상황에서 우리 사회의 지속 가능성에 대한 의문이 커지고 있다. 고령화에 따른 지속 가능성의 문제로 주로 다루어 왔던 것이 일반적인 노인 의료비의 문제였다. 그런데 지금까지는 심도 있게 다루지 않았지만 앞으로 매우 유심히 들여다봐야 하는 것이 경제활동인구의 부족과 노동인구의 고령화 문제다.

인구 고령화에 따라 연금, 노인 의료비 등 사회적 부담이 서구의 어떤 나라도 경험한 적이 없는 속도로 빠르게 증가하고 있는데, 이런 사회적 부담을 지탱할 경제활동인구는 급격하게 줄어들고 있고, 고령화에 대한 국가적 대응 역량이 급격히 약화되고 있다. 출산율이 획기적으로 달라지지 않는 한 대규모 이민을 통한 젊은 경제활동인구의 유입이나 정년 연장을 통해 노동인구를 유지할 수밖에 없어 보인다. 과거처럼 중심부에 위치한 노동자 이외의 노동자들은 언제든지 확보 가능하다는 생각은 이제 용인되지 않는다. 경제활동을 하는 모든 노

그림 3-1 인구구조의 변화

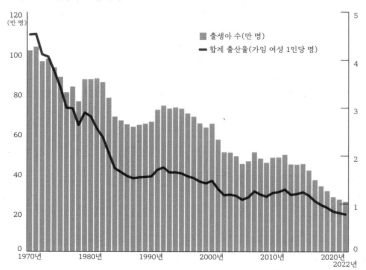

자료: 통계청, '출생아수, 합계출산율, 자연증가 등', 「인구동향조사」, 2023,
　　　〈국가통계포털〉(KOSIS), 2024.11.27.(확인일).

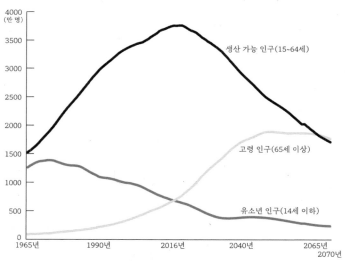

자료: 통계청, '주요 연령계층별 추계인구(생산연령인구, 고령인구 등) / 전국',
　　　「장래인구추계」, 2072, 〈국가통계포털〉(KOSIS), 2024.11.27.(확인일).

동자가 우리 사회의 지속 가능성을 담보할 핵심 동력이라고 인식해야만 우리 사회의 미래를 꿈꿀 수 있을지 모른다.

물론 아직도 정책 당국자, 특히 경제정책 당국자들은 이렇게 인식하지 못하는 것 같다. 이민이라는 손쉬운 방법으로 부족한 인력을 메꾸면 된다고 생각하는 듯하다. 그렇지만 현재 많은 이주 노동자가 폐쇄적이고 차별적인 사회구조 속에서 인권의 사각지대에 놓여 있다는 것을 살펴보면 이민이 결코 쉬운 선택지가 아님을 알 수 있다. 노동을 존중하지 않은 채 값싼 노동력을 사용하는 수단으로만 이민을 사고했을 때에 많은 부작용이 발생할 수밖에 없다. 아프리카와 아랍계 이민자를 받아들인 영국과 프랑스 등 유럽의 사례만 봐도 이민자에게 계급적 차별과 인종적 차별이 덧씌워지면서 심각한 사회적 갈등이 발생한다. 인권의 역사가 오래된 서구에서도 이런데, 정부 당국자는 '인권은 하면 좋지만 안 해도 그만' 정도로 인식하고, 사회문화적으로 인권 의식이 충분하게 형성되었다고 보기 어려운 한국 사회에서 이민은 또 다른 차별을 구조화할지 모른다. 이민이 어쩔 수 없는 선택이라면 최소한 국민국가의 허울 속에 배제된 이민자를 포함한 모든 사회 구성원에게 보편적 인권을 보장할 수 있도록 국제 인권 규약에 근거를 둔 법적·제도적 개혁을 선행하거나 병행할 필요가 있다.

오래전부터 거대한 인구 사회구조의 변화가 가져올 위험과 위기를 한결같이 무시해 온 정책 결정권자들이 제대로 된

해법을 찾을 수 있을까? 어쩌면 이를 기대하는 것 자체가 희망 고문일지도 모른다. 노동자의 건강에 전혀 관심이 없는 일부 고위 관료들의 펜대에 우리의 미래를 맡길 수는 없다. 당사자인 노동자가 나서야 한다. 이를 위해 우선 우리가 처한 현실을 냉철하게 직시할 필요가 있다.

노동자의 구성 변화

노동자의 구성 변화는 산업별 구성과 고용 관계의 변화로 분석될 수 있다. 그리고 이런 노동자의 구성 변화는 과거의 안전보건 틀로 건강권을 실현하기 어려운 현실을 보여 주는 근원적인 구조 요인이라 할 만하다.

1970, 80년대 굴뚝 산업이 급격하게 성장하던 시기와 지금의 노동자 구성 변화를 살펴보면 비교 자체가 무의할 만큼 완전히 구성이 다르다. 단순 변화만 보더라도 산업별 취업자 수의 구성이 크게 바뀌었다. 제조업이 포함된 광공업을 보면, 1980년대까지 그 구성 비율이 지속적으로 증가했지만, 1990년대 들어 상황이 바뀌었다. 반면에 1990년대부터 노동자의 산업별 구성을 보면, 서비스업 취업자 비중이 점차 커지고 있고, 2023년 기준으로 79%에 이를 정도로 절대다수를 점하고 있다.

그림 3-2 **대분류로 본 산업별 취업자 비율**(1963~2023년; 단위: %)

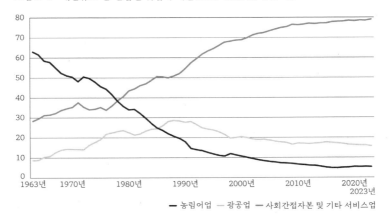

■ 농림어업 ─ 광공업 ─ 사회간접자본 및 기타 서비스업

자료: 통계청, '산업별 취업자', 「경제활동인구조사」, 각 연도, 〈국가통계포털〉(KOSIS),
2024.11.27.(확인일).

노동자 구성의 변화는 산업에서만 관찰되는 것은 아니다.
동일 산업 내에서도 과거의 평생직장이라는 개념이 사라지고
노동의 유연화라는 개념이 슬그머니 들어오더니 동일한 노동
을 해도 동일한 대우를 받지 못하는 비정규직 노동자의 비중
이 급격하게 커졌다. 특히 신자유주의 패러다임이 확산되는
과정에서 비정규직이 당연한 대세인 양 확대되었다. 신자유
주의가 세계경제 위기를 불러일으킨 주범이라고 비판하는 목
소리가 커지면서 비정규직의 확대를 저지하려는 움직임도 감
지되고 있지만, 여전히 강력한 규제 완화라는 이념 공세 속에
서 비정규직이 고용 관계의 주류를 형성하고 있다. 게다가 플
랫폼 자본이 전체 시장을 지배하면서 새로운 비정규직 노동자

가 양산되고 있다.

신자유주의의 폐해가 전 지구적 위험을 증폭하는 상황이 발생하면서 일국적 재생산 기전을 무시하고 전개되는 전 지구적 차원의 산업 구성 변화와 비정규직의 확산은 종말을 고할지도 모른다는 희망도 가져 보았다. 전통적인 정규직 중심 체제의 복원과 일국적 재생산 체제의 강화가 필요하다는 목소리와 함께 산업안전보건 체계도 이런 관점에서 기존의 틀을 유지하며 실효성을 보강하는 방식으로 개혁해야 한다는 주장도 제기되었다(정연 2021). 김용균 씨 사건을 통해 위험 작업은 비정규직이 담당하고 있고 실제 산재 사고의 상당 부분이 비정규직에게 발생하고 있다는 사실이 알려졌다. 노동자 건강 문제를 해결하기 위해서도 산업안전보건의 사각지대에 있는 비정규직의 정규직화가 필요하다는 주장이 설득력을 얻게 되었다.

정규직이 비정규직에 비해 산업안전보건 측면에서 훨씬 유리한 만큼 비정규직의 정규직화가 우선적으로 달성해야 할 과제임은 틀림없다. 그러나 비정규직의 확대가 신자유주의 패러다임에 의한 일시적 현상이 아니라 자본주의의 구조화된 위기 또는 전 지구적 자본축적을 위한 새로운 노동 포섭 경향이고 지속적으로 강화되는 흐름이라면 이야기는 달라진다. 비정규직이 정규직화되더라도 플랫폼 노동처럼 새로운 형태의 비정규직 또는 불안정 고용이 유지될 수 있기 때문이다. 따라서 비정규직의 정규직화를 통한 기존 산업안전보건 체계의 강화를 꾀하는 것으로 노동자 건강 문제가 근원적으로 해결될 것 같지는 않다.

산업안전보건의 궁극적인 목적 또는 지향점이 노동자의 건강에 있다고 할 때 당연하게 그 주체와 대상은 노동자일 수밖에 없다. 그 주체와 대상의 면모가 과거와 달라졌다면 산업안전보건의 문제 정의와 틀은 달라져야 한다. 제조업이 주도하는 산업구조와 직장 내에 고용 관계가 차별화되어 있지 않은 정규직 중심의 사업장에 초점을 맞춘 산업안전보건의 문제와 틀로는 서비스산업 등이 확대되고 비정규직 노동자의 비중이 커지고 있는 현실을 반영할 수 없다. 그에 걸맞은 내용과 형식으로 산업안전보건 체계가 바뀌어야 한다.

지금까지는 중요하게 다루어지지 않았지만, 노동자의 구성 변화 중 노동자 건강권 및 안전보건 체계 측면에서 심각하게 다루어져야 할 것이 연령 문제이다. 실제 노동자의 연령은 인구 고령화와 맞물려 매우 가파르게 상승하고 있다. 통계청 자료를 통해 1983년과 2003년, 그리고 2023년의 취업자 인구구조를 비교해 보면, 전체 노동인구의 고령화를 한눈에 볼 수 있다. 1983년 40대까지의 취업자 비율이 여성 79.7%, 남성 81.8%인 데 반해, 2003년은 여성 76.4%, 남성 76%로 줄어들었고, 2023년에 이르러 여성 54.8%, 54.5%로 대폭 줄어들었다. 반면 65세 이상의 취업자 비율은 1983년에 여성 5.5%, 남성 5.8%에 불과했던 것이 2023년엔 여성과 남성 모두 21.9%로 급격하게 구성 비율이 높아졌다.

　　노동자의 고령화는 산업안전보건의 중요한 문제가 사고성 재해에 있지 않고 일상적인 노동과정에서 오랜 기간 위험 요인에 노출되어 나타나는 만성질환에 있음을 의미한다. 굳이 인권적 측면을 고려하지 않더라도 예전처럼 다른 산업예비군으로 교체할 수 있는 충분한 노동인구가 없는 상황이라면, 만성질환이 있는 고령의 노동자가 건강한 상태에서 오랫동안 직업을 유지하는 것이 거시 경제 측면에서도 유리하다. 그러려면 노동자에 대한 건강관리가 매우 중요할 수밖에 없다. 이제 노동자의 산업안전보건 문제는 특수한 작업환경에 노출된 특정 노동자만 해당하는 이슈가 아니라 모든 노동자의 문제이고 일반적인 보건관리 또는 건강증진의 이슈와 별반 다르지 않게 된 것이다.

만성질환 증가와 더불어 중요해진 노동자 건강관리

　　평균수명이 증가한다는 것은 위험 요인이 노출되는 기간이 과거보다 훨씬 더 길어진다는 것을 의미한다. 그로 인해 질병 부담에서 만성질환의 비중이 커질 수밖에 없다. 모든 사람은 생애 전 과정에서 외부 환경 등에 지속적으로 노출되고, 다양한 요인에 의해 형성된 생활 습관이 일과 생활의 전 과정에 상호 작용을 하면서 인체의 퇴행적 변화인 만성질환이라는 인생 여정을 경험하게 된다. 그런데 만성질환에 대응하려면 돌이킬 수 없는 장기 부전이 오기 전에 건강관리가 이루어질 필요가 있다. 그래야만 질병 부담을 줄일 수 있다.

질병관리청(2024)에서 발간한 『2023 만성질환 현황과 이슈』를 보면, 만성질환으로 말미암은 진료비가 2022년 기준으로 83조 원에 이르러 전체 진료비의 80.9%를 차지한다. 대표적인 만성질환인 고혈압과 당뇨병에 소요되는 진료비는 꾸준히 증가해 2022년 기준으로 고혈압 4조 3000억 원, 2형 당뇨병이 3조 원에 이르렀다. 그런데 고혈압과 당뇨병만 잘 관리해도 많은 합병증이 줄어들기에 만성질환 진료비를 획기적으로 줄일 수 있다.

2019~21년 제8기 국민건강영양조사에서 유병자를 기준으로 고혈압 조절률이 74.5%로 제7기 조사 때보다 많이 개선되었지만, 당뇨병 조절률은 25%로 제7기 조사 결과인 30.5%와 비교해 더 떨어진 것으로 나타났다(〈국가통계포털〉 2024). 이는 당뇨병 유병자 4명 가운데 1명만 조절되고 있다는 이야기인데 최소한 당뇨병 유병자의 50% 이상이 조절되고 있는 주요 OECD 국가들과 비교해 매우 낮은 수준이다.

주요 OECD 국가들은 만성질환으로 말미암은 질병 부담이 커지면서 오래전부터 만성질환관리를 강화하고 있다. 이에 비해 한국의 관리 수준은 매우 낮은데, 이런 상황이 발생하는 이유는 일차보건의료의 역할이 매우 취약하기 때문이다. 정부도 문제의 심각성을 인지하고 일차보건의료의 취약성과 결합된 낮은 수준의 만성질환관리 문제를 해결하고자 일차 의료기관에 기반한 만성질환관리 사업을 시범 추진하고 있다(유원섭 2021).

만성질환은 한번 발병하면 그 전 상태로 돌아가기 쉽지 않고, 상당수 합병증이나 후유 장애 등이 발생할 가능성이 크기 때문에 발병하기 전에 예방하는 것이 중요하다. 그러나 한국의 보건의료 체계는 시장의 구매력에 기초해 서비스의 공급과 의료 이용이 이루어지고 있어서 의료 자원이 예방보다 치료 부문에 집중되어 있다. 모든 것이 치료 부문에 초점이 맞추어져 있어서 발병 전에 지속적인 예방 건강관리가 필요한 만성질환은 충분한 대응력을 확보하기가 쉽지 않다. 그 결과로 예방과 건강관리로 해결할 수 있는 것을 방치하고 있고, 이미 합병증이 발생한 만성질환에 대해서만 사후적인 치료적 대응으로 일관하고 있다.

건강할 때 건강증진을 하거나 고혈압이나 당뇨병 초기에 질환 관리가 잘 이루어진다면 합병증으로 인한 의료비를 줄여 전체적인 의료비를 절감할 수 있고 삶의 질을 높일 수 있을 텐데 그렇지 못하고 있다. 당연하게도 이런 방식의 의료 체계가 유지되면서 우리 사회는 전대미문의 의료비 증가와 삶의 질 감소를 경험하고 있다(임준 2020). 초고령 사회가 불과 몇 년 남지 않을 정도로 가파른 고령화 속도를 생각해 볼 때 치료보다 예방에 강조점을 둔 보건의료 체계의 개혁이 필요해 보인다.

그런데 당뇨병 등과 같은 만성질환이 잘 관리되지 않는 데는 노동자의 작업환경이 건강에 전혀 친화적이지 않고 만성질환을 관리하는 데 적합하지 않다는 것도 한몫한다. 앞서 살펴본 많은 연구에서 근골격계 질환뿐만 아니라 고혈압, 당뇨병, 심뇌혈관계 질환 등도 직업 환경과 밀접하게 관련되어 있음이 입증되었다. 업무 자율성이 없이 벨트컨베이어에서 반복 작업을 하는 노동자에게 심혈관계 질환의 유병률이 높다는 것은 오래전부터 알려진 사실이다. 야간 노동 등으로 말미암아 내분비계가 교란되고 당뇨병 발생 위험이 커진다는 것 역시 널리 알려진 사실이다. 정신 건강 문제 또한 그러하다. 만성질환의 위험 요인 가운데 상당수가 직업 요인과 관련되어 있다면, 만성질환 관리와 작업환경 개선이 연계되는 것은 당연한 일이다.

그렇지만 현실은 그런 접근을 용납하지 않는다. 최근 산업안전보건 영역에서 건강증진 교육 및 건강증진 사업장 개념이 도입되고는 있지만, 시범 사업에 그치고 있고 실질적인 작업환경 및 노동조건에 대한 노동 친화적이고 건강 친화적인 접근은 상상조차 못 하고 있다. 노동자의 고령화와 만성질환 중심으로 질병 구조가 바뀌면서 과거의 접근 방식만으로 노동자 건강을 지키는 건 불가능하다는 점에서 과거의 틀을 고집하는 것은 매우 시대착오적이다.

제조업 분야를 보면, 젊은 노동자의 비율이 높지 않으면서 고령화 현상이 훨씬 더 심각하다. 당연히 만성질환의 관리가 노동자 건강에서 핵심적인 주제일 수밖에 없고 이와 관련된 작업환경 개선을 추진해야 마땅하다.

그렇지만 실제는 전혀 엉뚱하게도 외주화나 이주 노동자로 대체하려는 방향으로 가고 있다. 인구 절벽에 당면한 상황에서 이주 노동자가 확대되는 것은 어쩔 수 없겠지만, 이주 노동자 역시 안전하고 건강할 권리의 주체라는 점에서 위험에 대한 책임을 회피할 수단으로 이용되어선 안 된다. 위험 자체를 해소할 구조적 변화 없이 이러저러한 미봉책만 늘어놓는다면 문제 해결을 더 어렵게 만들고 위기를 지연하는 효과만 발생할 것이다.

작업환경만 문제인 것은 아니다. 노동인구가 고령화되어 있다는 것은 만성질환자의 치료와 상담, 교육 등 건강관리가 지속적으로 이루어져야 함을 의미한다. 그런데 지금의 노동 현장에서는 노동자들이 만성질환관리를 담당하고 있는 의료기관에 접근하는 것조차 어려울 수밖에 없다. 혈압과 혈당을 조절하기 위해 교육과 상담이 보장되는 가까운 의원에 쉽게 갈 수 있어야 하고 그곳을 거점으로 지속적인 만성질환관리가 이루어질 수 있어야 한다. 그러려면 노동자가 만성질환관리를 포함해 건강관리를 하는 데에 필요한 시간을 법적으로 보장받아야 한다.

현실은 딴판이다. 노동이 이루어지는 곳은 휴게 공간과 같은 가장 기초적인 건강관리 시설조차 확보되지 않은 곳이 대부분이다. 편안한 휴식을 보장하는 휴게 공간이 없는 상황에서 휴게 시간은 담배 같은 유해 물질을 집단적으로 공유하는 불건강의 시간이 되고 있다. 생식 건강 측면에서도 휴게 시간과 공간의 확보는 매우 중요한데, 제조업이든 서비스업이든 노동자가 일터에서 건강관리를 추구하기란 거의 불가능에 가깝다. 플랫폼 노동자나 고정된 일터가 없는 이동 노동자는 전통적인 산업안전보건 체계에서 휴게 공간을 확보하는 것 자체가 불가능한 경우가 대부분이다.

작업환경이 노동인구의 구성 변화와 어울리지 않고 일상적인 건강관리를 담당할 의료기관의 접근성이 취약한 현실, 그리고 최소한의 건강관리 기반이 마련되어 있지 않은 노동환경은 만성질환을 악화하고 그로 말미암아 노동의 질을 악화하는 방향으로 작동한다. 이 과정에서 노동자의 삶의 질도 위협받는다.

노동자 건강 문제에 따른 의료비 상승

노동자 건강 문제로 인해 발생하는 비용은 크게 의료 비용과 노동 손실에 따른 비용으로 구분할 수 있다. 먼저, 지금까지 의료 비용은 산재보험의 적용을 받은 산재 노동자의 요양급여 비용으로 추정해 왔다. 그러나 앞서 살폈듯이 산재보험의 적용 대상자가 협소할 뿐만 아니라 인정 기준과 승인 절차 등의 문제로 말미암아 전체 건강 문제 중 극히 일부분만 산재보험을 적용받는다. 따라서 산재보험에 국한해 노동자 의료 비용을 산출한다면 과소 추정될 가능성이 크다. 건강보험을 비롯해 실제 노동자가 이용한 의료비 전체를 노동자 건강 문제에 따른 의료 비용으로 추정하는 것이 타당하다. 이렇게 전체 노동자 의료 비용을 추정하려면, 산재보험의 요양급여 비용과 함께 건강보험으로 이전된 산재 환자의 의료 비용을 더해야 한다.

내가 수행한 연구 결과를 보면, 직무 관련성이 큼에도 불구하고 산재보험이 아닌 건강보험으로 의료 서비스를 이용한 경우가 상당한 수준에 이른다. 보수적으로 추정하기 위해 직무 관련성이 큰 질환으로 알려진 근골격계 질환, 심뇌혈관 질환, 암 등에 국한해 건강보험으로 이전된 의료 비용을 추정했는데, 이들 의료 비용 중 업무 관련성 질환으로 추정되지만 건강보험 급여로 이전된 비용은 2011년 기준으로 근골격계 질환 2780억 원, 심뇌혈관 질환 1054억 원, 암 668억 원 등 총 4501억 원이었다. 전체 의료비 중 건강보험에서 부담하는 비율인 건강보험 보장률 63%를 적용해 직무 관련성이 큰 질환으로 건강보험을 통해 발생한 총 진료비를 추정하면 7144억 원이었다. 직장 가입자를 포함해 전체 취업자로 확대해 의료비를 추계하면, 약 1조 8193억 원이었다. 직무 관련성이 큰 질환이라 이 질환들에 대한 의료 이용이 산재보험을 적용받아 이루어졌다면 건강보험 입장에서는 재정 절감이 되는 것이기 때문에 이런 관점에서 2014년부터 2018년까지 건강보험의 재정 손실 규모를 추정하면, 최대 3조 6629억 원에 이르는 것으로 나타났다. 건강보험으로 청구할 때 질병 또는 상병명을 쓰도록 되어 있는데, 주±상병명뿐만 아니라 부副상병명까지 포함해 추정하면 절감 규모가 최대 5조 1754억 원에 이르렀다(임준 2013).

전체 취업자의 연령 구조 변화와 이에 따른 질병 구조 변화가 의료비 증가에 어느 정도 영향을 미쳤는지를 분석하면, 취업자 수의 증가에 따른 의료비 증가 효과보다는 질병 구조의 변화에 따른 효과가 훨씬 더 크다는 점도 확인할 수 있다(〈표 3-1〉 참조). 2007~11년 동안의 총 의료비 증가율이 35.8%로 연평균 증가율은 9%인데, 해당 기간 동안 공급자의 행태가 크게 바뀌지 않았다고 가정하면 의료비 증가의 원인은 취업자 수의 증가에 따른 수요 증가 효과와 질병 구조의 변화에

표 3-1 **고령화에 따른 전체 취업자의 의료비 증가율 현황**(단위: %)

	의료비 증가율	대상자 증가율	질병 구조 변화에 따른 증가율
2007~11년	35.8	3.5	32.3
연평균 증가율	9.0	0.9	8.1

자료: 김양호(2014).

따른 수요 증가 효과로 구분할 수 있다. 순수하게 고령화에 따른 질병 부담을 산출하려면 의료비 증가율에서 취업자 수의 증가율을 제거하면 가능하다. 따라서 연평균 취업자 수 증가율 0.9%를 제외하면, 4년 동안 질병 구조 변화에 따른 증가율은 32.3%에 이르고 연평균 증가율은 8.1%임을 확인할 수 있다. 물론 공급자의 행태가 바뀌지 않았다는 가정이 필요하지만, 실제로는 공급자의 과잉 진료 경향이 의료비의 증가에 영향을 미쳤을 것이다. 그렇지만 고령화에 따른 질병 구조의 변화가 의료 비용 증가의 중요한 이유임은 분명하다.

사익 추구적 공급 구조의 함정*

노동인구 고령화에 따른 의료비 상승은 한국 보건의료 공급 체계와 결합해 더욱 가팔라진다. 결국 지속 가능성의 위기로 나타난다. 한국의 보건의료 공급 체계는 질병을 예방하는 데에 중심을 두는 것이 아니라 질병 발생 후 치료에 초점을 맞추는 구조다. 예방 서비스는 당장의 의료적 욕구가 아니라 미래에 발생할 법한 질병 문제에 사전적으로 대응하는 것이기 때문에 당장에 시장에서 서비스를 구매하려는 경향이 크지 않다. 경제학적 용어로 가격탄력성이 큰 서비스라고 할 수 있다. 이런 이유로 본인이 직접 비용 부담을 해서 예방 서비스를 구매하는 경우가 많지 않다. 그리고 사회경제적 위치에 따라 예방 서비스의 구매력 차이가 크다. 가격탄력성이 크기 때문에 민간에서 이루어지는 공급도 특정 지역이나 계층에 국한되는 경우가 대부분이다. 그리고 인구 집단에 필요하지만 수익성이 떨어지는 예방 서비스는 대부분 공급되지 못한다고 볼 수 있다.

그렇지만 예방은 미래의 건강을 보장한다는 점에서 공중

---

* 필자가 저자로 참여한 『성공의 덫에서 벗어나기 2: 상생과 연대로 나아가는 길을 찾아』(서울: 후마니타스)에 실린 「보건의료 패러다임 전환과 개혁」의 본문 중 일부를 재구성해 작성했다.

보건학적으로 매우 중요하다. 환경적 접근뿐만 아니라 개인에게 제공되어야 할 예방 서비스도 구매력에 따라 차이가 발생한다면, 미래의 건강 격차가 남게 된다. 따라서 정부는 시장에서 구매하기 어려운 예방 서비스를 보건소와 같은 공적 공급 체계를 통해 직접 제공하거나 재정 지원 등의 방식으로 서비스 공급에 개입하고 있다.

예방 서비스 가운데 예방접종처럼 감염병에 관한 경우는 정부가 직접적으로 서비스를 공급하거나 민간 부문의 서비스 공급에 적극 개입해 대다수 국민들이 서비스를 제공받을 수 있도록 하고 있지만, 만성질환의 경우는 취약한 집단에 국한해 서비스를 제공하는 실정이다.

만성질환 관련 예방 서비스를 필요한 사람에게 모두 제공하려면 지금처럼 보건소 등 보건 기관이 주로 제공하는 방식으로는 불가능하다. 민간 의료기관의 역할이 중요하다. 특히 만성질환의 교육과 상담 등 예방 서비스는 치료와 별도로 이루어지기보다 일차 의료기관에서 제공하는 치료 서비스와 결합되었을 때에 효과적이라는 점에서 일차 의료기관의 역할이 매우 중요하다.

그렇지만 건강보험 수가를 부분적으로만 적용받고 있어서 교육과 상담 등의 예방 서비스를 민간에서 적극적으로 하지 않고 있기 때문에 고혈압, 당뇨병 등 만성질환에 대한 치료는 민간에서 하고 교육과 상담 등 예방 서비스는 보건소와 연계해 제공할 필요가 있다.

　만성질환에 대한 건강관리가 제대로 이루어지려면 서구처럼 민간 부문, 특히 일차 의료기관이 치료와 함께 예방 서비스를 통합적으로 제공할 수 있도록 환자 치료 비용에 대해 건강보험공단이 의료기관에 보상해 주는 방식을 바꾸어야 한다. 기존과 같이 환자에게 치료한 행위를 하나하나 구분해 가격을 매겨 보장하는 방식이 아니라면 환자 한 명, 한 명에 대한 건강관리 전반에 들어가는 비용을 포괄적으로 보상하는 방식을 가질 필요가 있다.

　또한 민간 의료기관에서 질환 관리를 포함한 건강관리 계획을 수립·조정하고 건강 상담을 해주는 건 가능하더라도 질병 교육, 재활과 자활, 지역사회 복지 자원 연계와 협력 등 다양한 예방 서비스를 제공하기란 불가능하다는 점에서 보건소 등 공공 부문에서 예방 서비스를 제공할 수 있도록 충분한 인프라의 확보와 연계 협력을 제도화하는 방안이 필요하다. 한국은 예방 인프라가 매우 취약하고 일차 의료기관인 민간 의원과 보건소 등 보건 기관의 연계 협력이 취약하기 때문에 현실은 이도 저도 아닌 상태에서 매우 부실하게 만성질환이 관리된다. 이런 문제는 공적 가치보다 사적 이익이 지배하는 사익 추구적 의료 체계와 무관하지 않다.

　한국의 사익 추구적 의료 체계는 갑자기 생겨난 것이 아니라 해방 이후 보건의료의 시장화 경향이 강화되며 오늘날에 이르렀다. 1989년 전 국민 의료보험 제도가 도입되면서 공보험이 재원 조달의 지배적인 위상을 갖게 되었지만, 보건의료 서비스의 공급은 시장을 통해 성장해 온 민간 부분이 지배적인 위상을 점하게 되었다(김창엽 2019). 이런 일련의 과정을 통해 시장에서 수요를 확보하기 어려운 예방보다 건강보험 수가와 연동되는 치료 중심의 공급 체계가 형성된 것이다. 특히, 시장에서 경쟁력이 큰 대형 병원이 중심적인 역할을 하게 되고, 일차 의료기관과 이차, 삼차 의료기관이 연계와 협력을 하기보다는 환자를 두고 경쟁하는 비효율적인 체계가 구조화되었다.

비효율적인 보건의료 공급 체계의 대표적인 현상이 병상 수의 비정상적인 공급이다. OECD 통계자료에 따르면, 한국의 급성기 병상은 OECD 국가 가운데 두 번째로 많고, 장기 요양 병상 수는 압도적인 1위다. 그런데 병상 공급에서 양적 문제만 있는 것이 아니라 분포에서도 심각한 왜곡이 일어나고 있다. 급성기 병상을 보면, 상급 종합병원을 포함한 대형 병원의 병상 수만 증가하는 것이 아니라 지역에서 필수 중증 의료 서비스를 제공하기 어려운 작은 규모의 병원이 더 빠르게 증가하고 있다. 인구수가 적은 도 지역은 주로 소규모 병원이 분포해 있는데, 이런 병원에서 필수 중증 의료를 수행할 만한 인프라를 갖추기는 어렵다. 더욱이 다른 공적 재원이 투입되지 않은 상황에서 인프라 확충에 투자할 여력이 없는 민간 병원들은 인력을 늘리지 않고 단순히 병상 수만 늘리고 있다. 응급, 외상, 심뇌혈관 질환, 분만, 신생아 치료 등에 대한 지역의 필요를 수용하지 못한 채 병상 수만 늘리면 인력 부족 문제는 훨씬 더 심각해질 수밖에 없고, 적절한 치료적 개입만 이루어지면 회피가 가능한 치료 가능 사망률이 높아지게 된다.

병상 수의 증가는 일차 의료기관과 병원 간의 역할 설정도 어렵게 만든다. 같은 환자를 두고 의원급 의료기관과 경쟁하는 경향이 훨씬 심해진다. 이런 상황에서 지역 단위로 의료 전달 체계를 구축하는 것은 매우 어려운 과정이 된다. 따라서 경쟁적인 공급 구조를 근본적으로 개혁하지 않은 채 지역 완결적 필수의료 체계를 구축하겠다는 정부의 발표는 공염불이 될 가능성이 크다(보건복지부 2023).

이렇게 소규모 병원의 병상이 증가하면 의원과 병원의 기능 재정립은 물론 의료기관에 대한 적정 수가 책정 또한 어려워진다. 일반적으로 정부와 건강보험공단은 적정 병상과 인력 규모에 해당하는 병원의 서비스 생산 비용을 기준으로 건강보험 수가를 책정하기 때문에 적정 병상과 인력 규모에 미치지 못하는 병원의 경우 충분히 보상받지 못하기 일쑤이다. 환자에게 제공하는 행위량이 충분치 않거나 중증도가 낮을 가능성이 크기 때문에 중증도와 행위량 기반의 수가 보상 또한 적어서 손실이 불가피하다. 이를 타개하기 위해 소규모 병원일수록 비정상적인 방식으로 진료 강도를 높이거나 비급여 진

그림 3-3　OECD 국가의 인구 1000명당 급성기 병상 수 비교

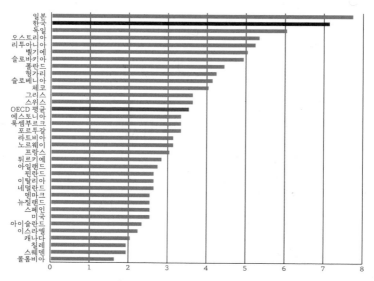

자료: OECD Health Statistics, 2021.

료를 강화하는 것이다.

　병상 이외에도 사익 추구적 보건의료 공급 체계에 따른 병리 현상은 다양하게 나타나고 있다. 고가 의료 장비의 보유는 이미 세계 최고 수준을 달성했다. 시장을 통한 의료기관 간 경쟁이 강화될수록 수요가 많은 수도권에 상급 병상이 집중되고 있다. 의사와 간호사 등 보건의료 인력 역시 수도권에 집중되어 있어서 분포의 불균형이 심각하다(임준·한진욱 2017). 의료 전달 체계가 제대로 작동하지 않은 상태에서 환자의 선택이 효율성과 의료의 질을 떨어뜨리는 방향으로 작동하고

그림 3-4 GDP 대비 보건의료비 비중의 증가율(단위: %)

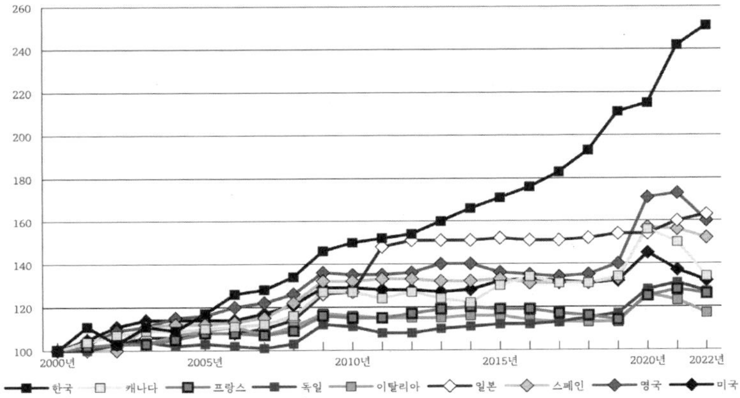

자료: OECD Health Statistics, 2023.

있다. 의료기관 역시 법률적으로 공적 규제를 받는 것 같지만, 실제 공적 규제가 미치지 않는 시장에서 영리를 추구하는 공급자의 모습을 보이고 있다. 이처럼 보건의료 공급 체계의 사익 추구적 성격이 강하기 때문에 수술, 검사, 약품이 적정 수준 이상으로 사용되고 있고, 인력의 수도권 쏠림 현상이 커져 가고 있는 것이다(김명희 등 2010).

　궁극적으로 사익 추구적 보건의료 체계는 의료비의 가파른 증가를 유발한다. 서비스의 연계와 조정보다 경쟁이 지배하는 상황에서 불필요한 서비스의 과잉 공급은 의료비 상승을 밀어붙이는 핵심적 기제로 작용한다. 특히 공공적인 재원 조달 체계와 시장 중심의 서비스 공급 체계 간 부조화로 자원

배분의 비효율성이 증가하고 의료비 증가가 가속화된다.

OECD 통계를 보면, 한국이 다른 국가들에 비해 의료비 증가 속도가 월등히 빠르다. 이런 속도라면 5년 이내에 우리 사회가 감당할 수 없을 정도로 의료비가 증가할 것이다. 이미 오래전부터 그럴 가능성에 대해 경고해 왔고 전면적인 제도 개혁이 없다면 한국 사회의 미래가 암울하다고 이야기해 왔는데, 이제 그 위기가 문턱까지 도달한 형국이다.

노동 손실 비용의 상승

노동자 건강 문제로 인한 비용의 증가는 노동 손실 비용의 증가로 이어진다. 특히, 산재와 건강보험 체계가 분리 운영되고, 대다수 산재 환자가 산재보험으로 처리되지 못한 채 건강보험으로 치료받게 되면서 직업 관련 재활이 잘 이루어지지 않고 있다. 앞서 살폈듯이, 산재는 일반적인 재활과 더불어 직장 복귀가 중요하기 때문에 최초 업무 관련성 손상이나 질병이 발생할 때부터 원직장 복귀를 감안한 재활이 작동해야 하는데, 건강보험으로 치료받는 상황에서 그런 서비스를 원천적으로 받기 어렵다. 더욱이 건강보험에 상병수당 제도가 없어서 입원 치료가 끝난 후 충분한 재활 서비스를 받지 못한 채 직장과 사회로 복귀하는 경우가 많아 건강 문제를 훨씬 더 키우는 경향이 존재한다.

반면, 산재보험은 초기에 건강보험으로 치료한 뒤 반복적인 업무 관련성 손상과 질병으로 말미암아 최종적으로 직업 복귀가 불가능한 상태에 빠지면 상병수당에 해당하는 휴업급여와 장해급여 등을 통해 가계를 유지하고자 산재보험으로 들어오는 경우가 많다. 이렇게 산재보험으로 인한 요양과 재활 등이 직업 복귀가 불가능한 환자를 대상으로 이루어져 실제로 발생한 노동 손실 비용이 훨씬 크다.

산재보험으로 처리된 요양급여액과 휴업급여액의 연도별 변화를 살펴보면, 약간의 변동이 있어도 2011년까지 유사한 패턴을 유지하다가 2012년부터 지속적으로 휴업급여가 요양급여를 상회하고 있음을 확인할 수 있다(〈그림 3-5〉 참조). 치료에 사용되는 요양급여가 줄어들고 있고, 직접적인 현금 보상에 해당하는 휴업급여가 늘어나는 것은 산재보험이 최초 산재 발생 시점에서 작동하는 것이 아니라 급성기 치료가 끝난 상태에서 산재보험이 적용되고 있음을 의미한다. 코로나19 팬데믹(대유행)을 고려해 봐도 팬데믹이 끝난 2022년의 경우 요양급여액이 줄어들고 휴업급여가 늘어난 것을 볼 수 있다. 이런 경향은 코로나19 기간에도 건강보험 요양급여액이 계속 증가한 것과 다른 양상이다. 이는 산재보험으로 처리된 재해의 양상과 노동인구의 고령화 경향, 그리고 산재보험에서 건강보험으로 이전된 효과와 무관하지 않은 변화로 보인다.

그림 3-5 **산재보험 요양급여액과 휴업급여액의 변화 추이**(1983~2022년; 단위: 100억 원)

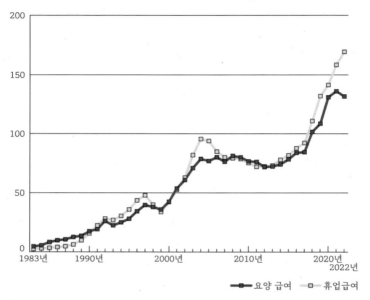

자료: 고용노동부, '산재보험급여 지급현황(연도별, 보험급여 종류별)', 「산재보험통계」,
2022, 〈국가통계포털〉(KOSIS), 2024.11.27.(확인일).

　　먼저, 사고로 인한 손상이 줄어들면서 산재보험으로 처리
되는 요양급여액이 줄어들었기 때문이라고 해석할 수 있다.
그렇지만 노동인구의 고령화에 따라 직무 관련성이 높은 만성
질환의 비중이 커질 수밖에 없어서 요양급여액이 낮아질 이
유가 없다. 산재보험으로 처리되어야 할 산재 환자가 건강보
험으로 이전되고 있기 때문이라고 해석하는 것이 타당해 보인
다. 또한 노동인구가 고령화되면서 산재보험으로 급여를 받는
노동자의 직업 복귀율이 떨어지고 휴업급여를 받는 기간이 길

어지기 때문인 것으로 추정된다.

산재보험을 통해 추계된 노동 손실 비용은 이미 상당수의 산재가 건강보험으로 이전되는 상황을 고려하면 전체 노동 손실 비용의 일부분에 불과할 것이다. 현재 건강보험은 산재보험과 같은 상병수당 제도가 없고 〈근로기준법〉에 유급병가 제도도 없는 상황이라서, 질병으로 노동 소득이 중단되어도 사회적 안전망으로서 역할을 담당하기 어렵다. 따라서 많은 국민이 사적 수단인 민간 보험에 의존하는 실정이다.* 이런 비용을 모두 고려한다면 노동 손실 비용은 매우 커진다. 이와 더불어 노동자가 고령화됨에 따라 만성질환이 증가하고 정년 연장 등을 통해 고령 노동자 비율이 증가하면 노동자의 의료 비용뿐만 아니라 노동 손실 비용이 기하급수적으로 증가할 것이 예상된다.

* 정부는 2022년 7월부터 업무 외의 질병 및 부상으로 경제활동이 어려운 취업자를 대상으로 전국 6개 지역에서 상병수당 시범 사업을 실시했고, 2023년 7월부터는 10개 지역으로 확대해 시행하고 있다.

지속 가능하지 않은 노동자 건강보장 체계

산업안전보건 체계와 산재보험 체계를 묶어 노동자 건강
보장 체계로 정의해 볼 때 현재의 산업안전보건 체계와 산재
보험 체계는 인구 사회구조의 변화 등을 포함한 미래의 변화
에 능동적으로 대처하기 어렵고 노동자 건강을 보장하는 데도
한계가 있다.

먼저, 현행 산업안전보건 체계는 제조업이나 건설업 등의
물리화학적 위험 인자 및 공정에 대응하는 방식의 산업안전
보건 조치를 규정하고 있어서 새로운 물질이나 공정이 생기면
작동하지 못하는 경우가 많다. 예컨대, 현행 안전보건 체계는
안전보건 조치를 나열하는 데 그치고 있는데, 제반 위험 요인
을 열거해 놓고 그에 해당하는 인자 및 공정에 대한 산업안전
보건 조치를 취하는 방식은 명확한 근거를 제시하는 장점이
있지만, 그에 해당하지 않는 위험 인자나 공정, 또는 환경에
대응하는 데는 매우 취약하다. 실제로 제조업만 하더라도 가
령 신기술이 도입되면 새로운 공정과 새로운 물질을 노동자가
다루어야 하는데, 현재의 법적 근거로는 이런 공정에 대한 사
전 예방이 어렵다. 삼성 반도체 공장에서 근무하다 백혈병으
로 사망한 노동자 사건에서도 알 수 있듯이, 〈산업안전보건법〉
은 사전 예방이 어렵다는 근본적인 한계가 있다고 해도 무리
가 아니다.

더욱이 산업구조가 제조업 등 이차산업에서 서비스업과 같은 삼차산업으로 바뀌었는데, 현행 〈산업안전보건법〉은 이차산업에 맞추어져 있다. 2022년을 기준으로 이미 서비스업의 비중이 80%를 차지하는 현실과 전혀 어울리지 않는 제도적 틀을 유지하고 있는 것이다. 물론 여전히 제조업의 산업재해 발생률이 높고 중증도가 높다는 점에서 제조업의 산업안전보건은 중요하다. 그러나 제조업이 아닌 다른 업종의 산업재해가 상당수 은폐되어 있고, 그보다 훨씬 더 많은 산업재해가 발생하고 있는 업종도 산업안전보건의 울타리에서 벗어나 있다는 사실만 보더라도 현재의 틀을 고수하는 건 올바른 방향이 아니다.

산재를 예방할 수 없는 법과 제도라면 과감히 청산해야 한다. 일부 업종과 일정 규모 이상의 사업장만 대상으로 한 현행 산업안전보건 체계로는 전체 산업에서 발생하는 산업안전보건 문제를 해결할 수 없을뿐더러 일반적인 보건의료 문제와 결합되어 나타나는 노동자 건강 문제에 대응하기 어렵다.*

* 〈산업안전보건법〉 제3조는 적용 범위를 모든 사업과 사업장으로 정하고 있으나, 세부적으로는 적용을 제외 및 배제하는 항목을 열거하고 있다. 적용 대상도 2020년부터 시행된 개정 〈산업안전보건법〉에서 산재보험이 적용되는 특수 고용 노동자 일부를 포괄하는 진전이 있었으나 점점 다양해지는 위장 자영업자, 프리랜서 등을 보호하지는 못하고 있다. 〈산업안전보건법〉은 상시 고용하는 노동자가 50인 미만, 공사 금액 50억 원 미만의 건설공사 등에서는 안전 관리자를 두지 않아도 된다거나, 월 24시간 미만, 1일 1시간 미만 작업을

전체 노동자를 포괄하면서 다양한 영역으로 확장되는 노동자 건강 문제를 유기적으로 다룰 수 있는 체계가 필요하다. 노동자 건강 문제를 고용 관계로 국한할 것이 아니라 사회적으로 해결할 방향을 설정할 수 있어야 한다.

중앙 부처의 경우도 노동부만 문제를 풀어 갈 것이 아니라 건강 문제의 주무 부처인 보건복지부가 주요한 역할을 담당할 수 있어야 한다. 지금처럼 산업안전보건에 대한 사업주의 의무를 근로계약 관계에 있는 노동자만으로 한정 짓는 방식에서 벗어나 실제 사업주가 관할하고 있는 사업장 또는 현장 전체로 넓혀 산업안전보건에서 사각지대를 없애야 한다. 또한 직접적인 피해 당사자이면서도 항상 대상자로 취급받았던 노동자가 자신의 건강 문제에서 주도적인 역할을 할 수 있도록 법과 제도가 정비되어야 한다.

산재보험 체계 역시 근본적인 변화가 필요하다. 건강보험과 산재보험을 통합적으로 접근하려는 시도가 필요하다. 산재보험의 승인 절차를 건강보험과 동일한 방식으로 전환해 업무 관련성이 의심되는 노동자가 산재보험으로 손쉽게 요양급

하는 경우 작업환경 측정을 하지 않아도 된다는 식으로 예외 및 배제 규정을 두고 있다. 안전 교육의 경우 사무직 노동자 직군과 50인 미만을 고용하는 농업·어업 사업장과 공공, 국방, 사회보장 부문의 행정, 교육 서비스업의 일부 종사자, 상시 노동자 5명 미만 고용 업체 등에서는 〈산업안전보건법〉이 정한 안전 교육을 전부 또는 일부 적용에서 제외하는 식이다.

여를 받고 적절한 휴업급여와 재활급여를 받을 수 있어야 한
다. 그래야 문제를 조기에 발견해 무난하게 직장에 복귀할 수
있다. 그렇지 않고 지금처럼 방치하면 노동자 개인은 영원히
직장으로 복귀하지 못할 수 있고, 사회적으로는 훨씬 더 많은
비용을 치러야 할 것이다.

　　그리고 어느 정도 산재보험의 보장성 수준으로 건강보험
의 보장성이 강화되고 상병수당 제도가 도입되어 건강보험과
산재보험의 보장성 간극이 좁혀진다면 두 보험 체계를 통합
하는 방안도 조심스럽게 검토할 필요가 있다. 업무 관련성 여
부는 노동자의 관점에서 중요한 것이 아니다. 어떤 이유로 질
병과 사고를 당해도 건강하게 다시 일터로 복귀할 수 있도록
제도적 틀을 구성하는지가 관건이다(구체적인 내용은 6장에서
살펴본다).

우리도
건강한 일터에서
일할 수 있다

4장

사람이라면 누구나 피부색, 타고난 신체조건, 집값, 사는 동네, 직장이나 대학 간판, 연줄, 월급 액수에 관계없이 아프면 똑같이 치료받을 수 있어야 하고, 불건강에서 회복할 수 있어야 하며, 더 건강해질 권리가 있다. 유엔의 인권선언, 유엔 산하의 국제노동기구, 세계보건기구WHO 등과 같은 국제기구에서 오래전부터 통용되어 온 원칙일 뿐만 아니라 우리나라 헌법에서도 그 문구는 달라도 보편적으로 공유해 온 가치이기 때문이다. 그런데 이런 인권적 가치가 모든 노동자에게 적용되지는 않는다. 어느 사업장에서 일하느냐, 어느 직종에서 일하느냐가 다치지 않을 권리, 건강할 권리, 아프면 치료받을 권리에 차이를 발생시킨다. 우리 모두는 건강하게 삶을 살아갈 권리가 있다. 우리도 건강한 일터에서 일할 수 있다.

패러다임의 전환

보편적인 인권에 대해 국제적 합의를 정리한 것이 국제인권규약International Covenants on Civil and Political Rights이다. 1966년 12

월 16일 제21회 유엔총회에서 인권의 국제적 보장을 위해 채택된 조약인데, '경제적·사회적·문화적 권리에 관한 규약'(A 규약)과 '시민적·정치적 권리에 관한 규약'(B 규약), 그리고 A 규약과 B 규약 각각의 부속 선택 의정서로 이루어져 있다. A 규약은 1976년 1월에, B 규약과 그 부속 선택 의정서는 같은 해 3월에 각각 발효되었다.

1948년 12월 10일 파리에서 개최된 제3회 유엔총회에서 채택된 세계인권선언은 모든 인간의 기본적 권리를 존중해야 한다는 유엔헌장의 취지를 구체화했다. 세계인권선언은 개인과 국가가 달성해야 할 공통의 기준으로 채택되어 도의적인 구속력은 지녔으나 법적 구속력이 없었다. 이에 반해 국제인권규약은 조약으로서 체약국을 법적으로 구속하는 것이 특징이다. A 규약은 이른바 생존권적 기본권을 대상으로 노동기본권, 사회보장권, 생활 향상, 교육권 등을 각 체약국이 그들의 입법 조치로써 실현·달성할 것을 내용으로 하며, 그 실시 상황을 유엔에 보고할 것을 의무화했다. B 규약은 이른바 자유권적 기본권의 존재를 전제해, 체약국이 이를 존중할 것을 의무화했다.*

A 규약 선택 의정서는 세계인권선언 60주년인 2008년 6

---

* 이에 관한 자세한 내용은 국가인권위원회 홈페이지에서 '국제인권규범' 항목을 참조.

월 유엔 인권이사회에서 채택되었다. 부칙 형태의 선택 의정서는 권리 침해에 대해 개인이 직접 감시 기관에 통보하고 협약 당사국들이 침해 사례에 대한 정보를 공유하도록 하는 내용과 침해 사례에 대한 조사 절차 등이 규정되어 있다. 이로써 국제 규약에 가입한 국가에서 해당 권리의 침해가 발생했을 때, 국내 법 체계에서 제대로 다루지 못한 문제를 유엔인권위원회에 제소해 판결받을 수 있게 되었다. 이와 같은 과정을 통해 A 규약에 포함되어 있는 노동기본권과 사회보장권은 모든 국가가 인권으로서 보장해야 할 인류 공통의 가치이자 국제 규약을 채택한 모든 국가가 실행에 옮겨야 할 권리로서 법적 구속력을 갖추게 되었다.

그러나 인권적 가치에 대한 국제적 흐름과 달리 우리 사회의 현실은 그렇지 못한 것 같다. 정말 누구나 똑같이 치료받을 수 있고 그 결과 건강 수준이 동등해야 한다고 생각하는 사람은 많지 않을 것이다. 저마다 타고난 신체적 조건과 환경이 다른 상황에서 건강 수준이 동등해질 수 있냐고 반문하는 이들도 있을 것이다. 이론적으로도 건강 수준의 평등까지 달성하는 것이 건강할 권리를 실현하는 것인지에 이견이 있는 것 또한 사실이다.

그렇지만 건강 수준의 평등까지는 아니더라도 건강을 추구하는 과정에서 누구나 권리로서 보장받아야 할 평등, 예를 들어 아프면 그 사회가 제공 가능한 최적의 서비스를 동등하게 이용할 수 있어야 한다는 권리 정도는 보편적으로 보장받아야 하지 않을까? 그리고 이런 토대 위에서 건강 수준의 불평등을 줄이기 위해 좀 더 적극적으로 노력해야 할 때가 아닐까? 이는 지역 간, 계층 간 건강 불평등이 점차 심화되면서 공동체의 기반 자체가 무너지고 있는 지금, 복지국가를 지향한다면서도 건강 불평등을 외면했던 한국이 반드시 해결해야 할 과제이다.

최소한의 권리도 보장하고 있지 않은 상황에서 좀 더 적극적인 권리를 주장하는 것이 현실성이 없을지 모르겠지만, 선진국에 도달했다고 축포를 쏘아 올리는 대한민국이라면 이제 모든 사람이 같이 건강해지고 행복해지는 환경과 제도에 대해 고민할 때이다. 그래서인지 최근에는 적극적으로 건강권을 해석해 과정뿐만 아니라 결과까지 동등해야 한다는 주장이 설득력을 얻고 있다. 타고난 신체적 조건은 어쩔 수 없더라도 건강에 영향을 미치는 환경이나 사회경제적 조건 등에 의한 차이 또는 차별을 적극적으로 해소해 집단 수준에서 건강의 격차를 줄여야 한다는 주장이 한국 사회에서도 중요한 어젠다로 등장하고 있다.

인권 시각에서 보더라도 한 사회가 추구해야 할 건강할 권리는 다양한 층위와 관점이 존재한다. 역사적으로 인권에 대한 개념이 처음 등장할 때는 개인이 국가나 사회로부터 부당한 차별을 받을 때 이를 구제할 권리가 있다는 소극적 권리 개념이 지배적이었다. 어떤 사람이 타인의 권리를 침해하지 않는 한 그 사람에 대해 국가나 사회가 부당한 차별을 해서는 안된다는 것이다.

이런 시각을 노동자의 건강권에서 살펴보면 알권리나 작업 중지권이 이에 해당한다. 사업주나 작업환경으로 말미암아 노동자의 건강이 침해당하는 일이 발생하지 않도록 하는 것은 인권적 측면에서 당연한 노동자의 권리라 할 수 있는데, 구체적으로 살펴보면 유해 환경이나 물질, 그리고 건강에 영향을 미칠 수 있는 조건하에서 일을 해야 하는 노동자는 당연하게 본인이 어떤 환경에서 일하고 있는지를 알 권리가 있다. 그런데 노동자의 알권리는 물품 생산공정에서 일하는 노동자에게만 해당되는 것이 아니라 건강 위험에 노출되어 있는 일터나 환경에서 일하는 모든 노동자에게 해당된다. 예를 들어 플랫폼 자본에 의해 설계된 시스템 속에서 과중한 노동과 위험한 이송을 반복하는 플랫폼 노동자에게 해당 시스템으로 인한 건강상 위험이 충분히 설명되어야 한다. 또한 특정 위험이 예상될 때에 자신의 몸을 보호하기 위해 작업을 중지할 수 있는 권리는 보편적으로 보호받아야 할 인권에 해당한다. 물론 우리는 이조차 제대로 보호받지 못하고 있지만 말이다.

그런데 정말 인권적 가치를 실현하려면 이런 소극적 인권 개념에서 벗어나 적극적인 인권 개념이 필요하다(프레드먼 2009). 즉, 인권에 대한 패러다임의 전환이 필요하다. 인권을 한 개인이 부당한 차별을 받지 않기 위해 스스로 무엇인가를 할 수 있도록 법적 보호 장치를 두는 것에 국한하지 말고 사회나 국가가 적극적으로 개인의 인권을 보호하고 증진하는 데까지 확장해야 한다. 대표적인 사례가 사회보장에 대한 권리일 것이고, 노동자 건강권과 관련해서는 산재보험에 관한 권리일 것이다.

초창기 산재보험은 인권적 시각보다는 산재가 너무 많이 발생해 생기는 사회적 병리 현상을 해결할 목적, 즉 사회적 필요에 따라 생겨났다. 하지만 지금은 산재보험에 대한 의미가 달라졌다. 대부분의 OECD 국가들은 사회적 필요를 넘어 노동자 개개인의 인권을 적극적으로 보호하기 위한 법적·제도적 장치로 생각하는 경향이 강해졌다.

우리도 서구 복지국가처럼 노동자 건강과 안전한 일터에 대한 패러다임을 바꿀 필요가 있다. 산업구조가 바뀌고 노동인구의 인구 사회학적 특성이 근본적으로 바뀌는 상황에서 과거와 같이 위험 인자에 일대일 대응하는 나열식 산업안전보건의 틀로는 노동자의 건강권을 보장하기가 불가능하다. 노동자의 건강을 비용으로 생각하지 않고 최소한 지속 가능한 내일을 위한 인적 투자 정도로는 생각해야 변화가 가능하다. 더나아가 보편적 권리의 주체로서 노동자의 인권을 보장하는 개념으로 패러다임 전환이 필요하다.

2022년 6월 10일 제110차 ILO 총회에서 1998년 노동 기본원칙과 권리에 관한 ILO 선언을 통해 제시된 4개의 노동기본권(결사·단체행동권, 강제 노동 금지, 아동노동 금지, 차별 금지)에 안전하고 건강한 근로환경을 보장해야 한다는 노동자의 기본권을 추가하는 선언을 채택했다. 또한 산업안전보건 협약 중 제155호인 산업안전보건과 작업 환경 및 제 187호인 산업안전보건 증진체계 협약을 기본 협약으로 선정함으로써 ILO의 이행보고 의무가 강화되는 등 이전보다 엄격한 점검을 받게 되었다.

일하다가 다치거나 아픈 것은 당연한 일이 아니다

우리 사회가 급속하게 성장하고 발전하면서 잃어버린 중요하고 소중한 가치가 많다. 그중 하나가 사람 자체에 대한 소중함이다. 일상 속에서 사람의 생명과 건강을 경시하는 경우가 비일비재하다. 언론에 소개되는 산재 사망을 흔하게 접하면서 처음엔 안타까워하다가도 조금 지나면 운이 나빴다고 치부하며 무관심으로 일관하는 경우를 종종 경험한다. 그러나 가까운 지인이나 이웃에게 그런 일이 발생하면, 자신의 일인양 팔을 걷어붙이며 돕는다.

왜 이렇게 다른 태도를 보이는 것일까? 다른 사람에게 발생하는 문제가 자신 또는 자신의 이웃에게 발생하지 말라는 법이 없는데도 말이다. 이런 타자화의 결과로 타인의 아픔에 대한 반응은 무감각해지는 반면 가까운 이웃의 아픔은 자신의 문제인 것처럼 공감하고 위로한다.

물론 성인군자가 아닌 이상 가까운 지인에 대한 공감과 지지를 그만큼 친밀한 사이가 아닌 타자에게 보내기는 쉽지 않다. 그렇지만 김용균 씨 사건에서 보여 온 국민적 안타까움이 온데간데없이 사라지고 일부이지만 냉소적인 반응까지 보내는 건 이해하기 어려운 일이다. 직접 행동에 나서지 않는다고 하더라도, 대부분의 사람들이 타인의 아픔에 공감하고 지속적인 관심과 지지를 보냈다면 김용균 씨와 같은 산재 문제는 다시 발생하지 않았을지도 모른다. 그렇지만 안타깝게도 유사한 산재 사건이 지금도 계속 발생하고 있고, 그럴수록 우리는 무감각해진다. 윤리를 따지자는 것이 아니라 타자의 문제를 나의 문제로, 더 나아가 보편적인 문제로 인식하는지가 중요하다. 그래야만 이 모든 정책이나 대안이 설 자리를 찾을 수 있지 않을까.

그런데 이런 반응이 원래 있었다고 보기에는 측은지심을 강조하는 우리의 정서와 맞지 않다. 세월호 참사에서 보여 준 국민들의 공감과 지지는 결코 일시적이지 않고 지속적이며 깊다. 오히려 정부, 언론, 기업이 이런 무관심을 조장해 왔고, 최소한 산재 사망의 경우 무감각해져 버렸는지도 모르겠다.

산재 사망에 둔감해지게 만드는 사례는 한 홍보 영상에서도 드러난다. 12년 전 고용노동부와 산업안전공단에서 제작한 홍보 영상이 공중파에도 나온 적이 있다. '노동자가 일하다가 딴생각을 하면 떨어져서 죽고 기계에 끼여 다칠 수 있으니 절대 딴생각을 하지 말라'는 매우 황당한 장면이었다.

고용노동부 산재 예방 공익광고 사건

2012년 고용노동부가 제작해 공개한 공익광고는 노동자가 "오늘만 봐줘요. 너무 더워서" 하면서 안전모를 풀고, "무슨 일이 있겠어요?" 하면서 기계 앞에서 휴대폰을 보면서 걷고, "이 동네는 눈감고 다녀도 훤하게 알아요" 하면서 오토바이를 탄다. 영상은 세 명의 노동자가 사망했음을 암시하면서 각각 수박, 오징어, 토마토케첩병이 으깨지는 모양을 재현한다. 해당 광고는 노동건강연대가 산재 사망의 책임을 노동자에게 돌리지 말라고 공개적으로 항의하면서 폐기되었다.

　정말 노동자가 다치고 죽는 것이 개인의 부주의 탓일까? 결코 그렇지 않다. 어느 누구도 딴생각을 하지 않고 계속 일하는 건 불가능하다. 그건 인간이 아니다. 반복적인 작업을

하다 보면 누구든 딴생각에 빠져 말이 헛나오거나 실수하는 경험을 하곤 한다. 인간인 이상 딴생각을 할 수밖에 없고 그 과정에서 크고 작은 실수를 하는 것은 극히 정상적이다. 반대로 노동자가 비록 실수를 한다 해도 그것이 곧바로 사고로 이어져 노동자의 신체적·정신적 건강에 부정적 영향을 미친다면 바로 그게 비정상이다.

100년 전 자본주의의 모습이 그랬다고 하면 지금은 그렇지 않아야 한다. 비정한 자본주의의 폐해를 극복하기 위해 수많은 노동자들이 투쟁해 왔고, 그 결과물이 산업안전보건 체계라 할 수 있다. 제조업 중심이라는 근본적인 한계가 존재하지만, 일터에서 노동자가 안전하고 건강하게 일할 수 있도록 환경과 조건을 만드는 것이 산업안전보건 체계다. 일터에서 노동자가 치명적인 실수를 했다고 하더라도 노동자에게 건강상 침해가 발생하지 않도록 하는 것이 산업안전보건 체계가 존재하는 이유다.

노동자가 고의로 위험한 행동을 하거나 위험한 환경 또는 사고에 노출된 것이 아닌 이상 일하는 과정에서 발생한 직무 관련 손상이나 질병은 노동자의 책임이 아니다. 당연히 산업안전보건 체계를 구축하지 못한 사업주, 발주처, 그리고 이를 방치한 정부의 책임이다. 설사 노동자가 딴생각을 하면서 일을 하더라도 위험이 없게 하는 것이 사업주의 책임과 역할이다.

산업안전보건의 가장 기본적인 원칙 중에 하나가 어떤 공정이나 설비 등에 대해 전혀 모르는 노동자가 일을 해도 그 노동자에게 어떤 위해도 발생하지 않아야 한다는 점이다. 프레스 기계를 작동하는 데 능숙하지 못한 노동자가 만져도 프레스 기계가 신체에 위해를 가하지 않도록 안전장치가 마련되어 있어야 한다. 기술적으로 불가능하지 않는 한 반드시 이런 원칙이 작동해야 한다. 물론 미숙련노동자에게 충분한 안전 교육 없이 작업을 지시하는 것 자체가 문제다.

건설 현장에서 일하는 이주 노동자가 해당 업무를 몰라도 추락하거나 전도되는 사고가 일어나지 않아야 한다. 물론 이주 노동자가 이해할 수 있는 언어로 안전 교육과 훈련을 충분히 제공한 후 해당 업무를 해야 하겠지만, 그렇지 않더라도 위험한 행동이 발생하지 않고 사고로 이어지지 않도록 안전 조치가 마련되어야 한다. 이와 달리 안전 조치를 마련하는 것이 기술적으로 불가능해 산재가 발생할 가능성이 있다면 공중보건의 위기 상황이나 응급한 상황이 아닌 한 위험을 감수하면서까지 노동이 이루어져서는 안 될 것이다. 그런 노동은 중단되어야 한다.

이런 원칙은 제조업, 건설업뿐만 아니라 서비스업에서 일하는 노동자를 포함해 모든 노동에 적용되어야 한다. 서비스업에 종사하는 노동자도 마찬가지이다. 고객 관리라는 명분으로 기본적인 서비스업에서 종사하는 노동자는 감정마저 통제

받고 있다. 돌봄 노동자는 업무 과정에서 항상적인 언어폭력과 성폭력의 위험에 노출된다. 돌봄 노동자가 돌봄 업무 과정에서 겪는 위험으로부터 보호받을 수 있도록 업무가 설계되어야 할 텐데, 그러기는커녕 돌봄 노동자에게 모든 책임을 전가한다. 예를 들어 주로 중고령층 여성의 요양 보호사가 담당하는 재가 요양 서비스를 혼자가 아니라 둘이 담당하도록 업무 설계를 하고 그에 따른 보상 체계가 마련되었다면 방문한 집에서 발생하는 심각한 폭력적 상황은 상당 부분 해소될 수 있을 것이다. 요양 보호사가 혼자 맞닥뜨리는 언어적·신체적 폭력, 성폭력 등을 요양 보호사의 미숙련이나 잘못된 응대 때문이라고 평가하는 건 결코 용납될 수 없다.

플랫폼 기업에서 일하는 노동자는 건강을 담보로 무리한 가속 페달을 밟는다. 해당 기업에서 설계한 시스템에 따라 배달 서비스를 제공하는 과정에서 발생하는 수많은 위험이 온전히 배달 노동자의 책임으로 떠넘겨져서는 안 된다. 위험을 지속적으로 발생시키는 시스템에 대한 시정을 요구하거나 이를 생산한 플랫폼 기업에 책임을 물을 수 없다면 고용 관계에서 벗어나 있어 산업안전보건 체계의 보호를 받지 못하는 플랫폼 노동자의 건강은 경각에 달려 있는 셈이다.

결국 위험을 생산한 자가 책임지는 구조를 만들거나 책임 자체가 모호하고 책임 주체의 취약성이 큰 경우에 공적 체계를 통해 문제를 풀어 나가지 않는 한 해답을 찾기 어렵다. 그러나 우리 사회는 손쉽게 그 책임을 노동자 당사자에게 돌리고 있다.

우리는 참 오랫동안 열심히 노동해 온 국민들이다. 그 과정에서 정말 소중한 사람들의 생명과 건강의 가치를 하찮게 여기는 경향이 알게 모르게 형성된 것 같다. 정확히 말하면 그런 이념을 확산해 왔다. 성장만이 살길이라고 배웠고 그 과정에서 발생하는 죽음은 어쩔 수 없는 희생이라고 여겼다. 수십 년간 정부와 자본은 조직적으로 이런 가치관을 강요해 왔다. 이에 정면으로 맞대응해야 할 〈산업안전보건법〉은 오히려 그런 생각을 강화하는 방향으로 작동했다.

거듭 강조했듯이, 우리는 사업주에게 월급을 받는 대신 사업주가 요구하는 업무를 수행하는 근로계약을 맺었지만, 〈근로기준법〉에서 최소한으로 규정하는 노동자의 권리가 침해되는 일이 발생해서는 안 된다. 표준 근로계약 어디에도 자신의 생명과 건강에 영향을 미칠 수 있다는 조항이나 그것에 대해 개인이 책임진다는 조항은 없다. 만약 그런 조항이 있다면 그 자체로 윤리적 문제가 되며 〈근로기준법〉 위반이기에 근로계약 자체가 무효다. 오히려 근로계약을 체결한 노동자가 건강하게 일할 수 있도록 환경과 조건을 만들어야 할 의무를 위반한 사업주, 발주처, 정부가 책임져야 한다.

이제 일을 하고 있기 때문에 아프고 다칠 수 있다는 생각은 완전히 사라져야 한다. 이를 조장하는 법적 조항이 있다면,

아무런 법적 근거도 없다는 점에서 폐기되어야 한다. 우리 중 어느 누구도 일하다가 다치거나 고통에 시달리는 일이 발생하지 않아야 한다. 그리고 이를 보호할 책임은 위험을 생산한 사업주에게 있고, 그에 대한 책임을 묻고 관리해 노동자를 보호할 의무는 국가에 있다. 그리고 책임을 묻기 어려운 분야에 대해서는 국가가 산업안전보건에 대한 직접적인 책임을 져야 한다.

〈중대재해처벌법〉 제정의 의미

2021년 1월 26일 제정되어 2022년 1월 27일에 시행된 〈중대재해처벌법〉은 김용균 씨 사망 사건 이후 사업장 등에서 발생한 중대 산업재해와 공중이용시설 또는 공중교통수단을 운영하거나 위험한 원료 및 제조물을 취급하면서 안전·보건 조치의무를 위반하여 인명사고가 발생한 중대 시민재해의 경우 사업주와 경영책임자 및 법인 등을 처벌함으로써 노동자와 일반 시민의 안전권을 확보하고, 중대 재해를 사전에 방지하려는 목적에서 제정되었다. 법률은 사업주 또는 경영책임자 등은 실질적으로 지배·운영·관리하는 사업(장)에서 외주를 포함한 노동자의 안전 및 보건을 확보할 의무를 규정하고 있고, 이를 위반하여 중대 산업재해에 이르게 한 경우 사업주와 경영책임자 등을 처벌하고, 법인 또는 기관에 대해서도 벌금형을 부과하고 있다.

〈중대재해처벌법〉은 오랫동안 노동 시민사회에서 요구해 온 기업살인법 제정 운동의 성과라는 점에서 그 의미가 적지 않지만, 5인 미만 사업장을 예외로 하고 있고 50인 미만 사업장에 대해 적용 유예를 두고 있다는 점에서 한계가 있다. 게다가 이런 문제를 차치하더라도 사업주 또는 경영책임자가 중대 재해에 책임이 없다는 것을 반증하지 않는 한 처벌하도록 규정하지 않고 사업기관이 책임을 입증하지 못하면 처벌할 수 없도록 규정하고 있어서 중대 재해 예방에 실효성이 있을지 의문이다. 위험을 외주화한 원청 또는 발주처의 책임을 입증하기 어려운 경우가 많아서 위험을 생산한 대기업의 책임을 부과하기가 쉽지 않은 문제를 안고 있다.

산업안전보건의 틀을 바꿀 몇 가지 원칙

그렇다면 어떤 방향으로 산업안전보건을 바꾸어야 할까? 첫째, 산업안전보건은 제조업에만 어울릴 법한 공간적 의미의 사업장 틀을 벗어나야 한다. 정부, 기업, 보수 언론 등은 현재의 산업구조가 4차 산업 중심으로 재편될 것이라면서 사업장의 좁은 울타리를 넘어 네트워크화되어 있는 금융 기술(핀테크) 기업들의 상황에 맞게 특정 지역과 사업장에 초점이 맞추어져 있는 규제를 풀어야 한다고 연일 떠들어 댄다. 그런데 정작 플랫폼 노동자의 경우와 같이 특정 지역이나 사업장에 국한된 안전보건의 틀로써 노동자의 건강을 지켜 내기 어려운 상황에 대해서는 입을 다물고 있다.

이미 오래전부터 전체 산업구조가 서비스업 중심으로 재편된 만큼 생산과정에서 발생하는 위험 인자 중심으로 산업안전보건 조치를 취하는 것은 큰 의미가 없다. 소비자와 접촉하는 지점에서 노동자 건강 문제가 발생하고 있는 상황에서 물리화학적 유해 인자 및 환경의 노출 여부에 초점을 맞춘들 답이 없다.

물론 지금까지 확인했듯이 전통적인 산업안전보건 문제도 여전히 심각하고, 기본적인 산업안전보건 조치마저 이루어지지 않는 사업장이 부지기수라는 점에서 이런 문제를 해결하려는 노력이 병행되어야 한다. 그렇지만 변화는 반드시 필요하다. 플랫폼 노동이 일반화되는 상황에서 사업장이라는 틀이나 단위로는 규제할 수 없는 노동자들의 건강 문제를 다루기 위한 법적·제도적 틀이 마련되어야 한다. 이를 위해서는 사업자와의 근로계약에 근거해 이루어지는 현행 산업안전보건 체계에서 벗어나야 한다.

현실에서 벌어지는 여러 문제를 해결하기 위해 법과 제도, 그리고 정책이 존재하는 것이라면, 당연히 기존의 법과 제도로 포괄할 수 없는 노동이 일반화될 경우 그에 맞게 노동자의 건강을 보호하고 증진할 방안을 찾아야 할 것이다. 기존 법과 제도로 보호할 수 없다면 법과 제도가 바뀌어야 한다. 노동자 건강을 지킬 수 없는 유명무실한 법과 제도라고 한다면 왜 그런 법과 제도를 지켜야 하나? 악법도 법이니 지키라고 강요한다면 그건 독재적 발상이다. 국민에게 주권이 있다고 정치적 수사만 외칠 것이 아니라 실제 삶을 살아가는 노동자를 위해 실질적 대책을 마련해야 한다.

둘째, 사전 예방의 원칙이 필요하다. 사전 예방의 원칙은 환경, 식품 안전, 산업안전보건 분야에서 당연한 원칙으로 여겨지고 있다(대한예방의학회 2021). 근대 산업화 시기에서 사전 예방의 원칙은 완전히 무시되어 왔다고 해도 과언이 아니다. 환경을 파괴하거나 건강을 악화할 수 있는 물질을 생산하거나 그런 공정을 운영할 때 명확한 피해가 발생한다는 것이 입증되지 않는 한 해당 물질과 공정을 제한 없이 사용해 왔다. 심지어 암 발생처럼 명확한 피해가 발생하는데도 자본은 생산과 사용을 멈추지 않았다. 자본의 이해를 실현하는 데에 방해가 된다면 사람이 죽든 말든 개의치 않았고, 이를 막으려는 피해자들과 사회 활동가들은 폭력과 협박, 회유에 시달렸다. 무수한 시민과 노동자의 희생이 반복되었고, 결국 더는 희생을 용납할 수 없다는 노동자·시민 행동이 조직되었다. 그 결과 적어도 대다수 서구 복지국가들은 온갖 피해를 양산하는 산재 기업, 환경 파괴 기업에 철퇴를 내렸다. 물론 그 위험은 저소득 국가로 이전되었을 뿐이지만 말이다.

우리는 지금 생존 자체를 위협하는 근본적인 환경 위기를 맞닥뜨렸다. 유전자조작에 따른 생태계의 위기, 화석연료의 무분별한 채취와 사용으로 말미암은 기후 위기 등 인류의 생존이 근본적으로 위협받고 있다. 이 상황에서도 자본은 위험이 과장되었다며 위험을 줄일 생각조차 하지 않고 있지만, 세계 시민의 용감한 행동 덕분에 현재의 위기를 극복하기 위한 국제적 연대가 점차 확산되고 있다. 이때 사용되는 개념이 사전 예방의 원칙이다. 어떤 물질이나 공정이 노동자와 시민, 환경, 생태계에 당장의 위험뿐만 아니라 미래의 위험을 초래하지 않는다는 증거가 없는 한 생산 및 사용을 해서는 안 된다는 원칙이다.

이런 원칙은 탄소 배출을 규제하고 줄이려는 국제적 연대에만 사용되는 것이 아니라 일반적인 생산 현장에서 벌어지는 물질과 공정의 생산과 사용에 적용되어야 한다. 반도체 사용에서 위험이 확정되지 않았기 때문에 신물질을 사용할 수 있다는 논리는 이제 종말을 고해야 한다. 노동자 건강에 유해하지 않다는 증거가 없다면, 또한 환경에 유해하지 않다는 증거가 없다면 사용하지 못하게 막아야 한다. 신기술 성장을 억압한다고 이야기하지만, 노동자의 안전과 건강을 보장하지 않는 신기술이 왜 필요한가? 그리고 이런 안전과 건강을 보장하기 위한 연구가 전제되어야 하고, 이 부분에 대한 연구를 훨씬 강화해야 한다. 그런 공적 분야에 대한 연구를 활성화화기 위해 정부가 대대적인 투자를 확대해야 함은 두말할 필요가 없다.

셋째, 노동자의 알권리와 참여의 원칙이 전제되어야 한다. 사실 알권리는 시장경제가 작동하기 위한 전제 조건이기도 하다. 시장경제를 신봉한다면서 가장 기본적인 알권리를 보장하지 않는다는 것은 결코 용인되기 어렵다.

불과 얼마 전까지만 해도 소비자의 알권리에 대해서도 별로 신경 쓰지 않던 것이 한국의 모습이었다. 공급자와 소비자의 대등한 권리에 기초한 소비자의 선택이 자유 시장경제의 핵심적인 원리라 할 텐데, 공급자의 입맛에 맞지 않으면 언제든지 후퇴하거나 무시되어 왔던 것이 소비자의 알권리였다고 해도 과언이 아니다. 자기들만 알고 있는 정보를 소비자나 이해관계자에게 알리지 않고 몇몇 소수만 정보를 독점해 이익을 취한 경우를 흔하게 봐왔다. 그리고 이것이 무슨 능력이라도 되는 양 신봉되었다. 사실 그건 남의 물건을 훔치는 것과 별반 다르지 않은 범죄행위다. 내부자거래를 하는 것에 대해 죄의식이 없는 사회. 이런 문제를 비판하면 자유 시장경제를 부정한다고 입에 거품을 무는 '전문가'들이 있다. 이것이 어떻게 자유 시장경제인가? 무형의 폭력이 난무하면서 노동자와 시민의 소득과 재산을 갈취하는 반자유 시장경제가 아닐까?

이와 맥락을 같이하는 것이 노동자의 알권리이다. 노동자가 사업주에게 자신의 노동력을 사용하도록 계약했는데, 노동력에 부정적인 영향을 미칠 수 있는 노동조건과 유해 물질 및 공정에 대한 정보를 제공하지 않고 일을 시킨다면, 이런 행위가 지금의 자유 시장경제 체제에서 용납될 수 있을까? 당연히 그렇지 않을 것이다. 형식적인 측면이 강하지만, 물질안전보건자료를 사업장에 배치하도록 한 것도 이런 알권리에 대한 최소한의 조치라고 할 수 있다. 현재 노동자 건강에 유해한 환경일수록 이주 노동자의 고용 비중이 높다. 나는 이주 노동자의 알권리를 위해 해당 국가의 언어로 물질안전보건자료를 번역해 비치했다는 이야기를 거의 들어 본 적이 없다. 알권리가 근본적으로 무시되고 있는 셈이다.

물질안전보건자료 설명

〈산업안전보건법〉은 제110조에서 제116조에 이르기까지 물질안전보건자료의 작성, 제출, 비치 및 교육 등에 관한 규정을 담고 있다. 물질안전보건자료는 사업장에서 사용되는 화학물질 등에 관한 여러 가지 정보를 담은 자료를 말하는데, 화학물질의 이름, 성분, 유해성, 위험성, 보관방법, 취급 시 주의할 점, 보호구, 경고 표시, 응급조치 등 여러 가지 정보가 포함된다. 사업주는 사업장에서 화학물질을 취급하는 노동자가 쉽게 보거나 접근할 수 있는 장소에 각 화학물질별로 물질안전보건자료를 항상 게시하거나 갖추어 두어야 한다. 또한 취급 노동자가 물질안전보건자료를 쉽게 확인할 수 있는 전산 장비를 갖추어야 한다. 그리고 물질안전보건자료는 사업장 내에 비치하는 것에 그치는 것이 아니라 해당 물질안전보건자료에 대한 교육을 실시해야 한다.

　　2021년 2월 22일 국회 환경노동위원회 청문회에 참석한 현대중공업 대표는 "산재가 노동자의 불안전한 행동 때문"이라고 발언하면서 산재의 책임을 노동자 부주의 탓으로 돌렸다(『한겨레』 2021/02/23). 비단 일부 사업주의 인식이라 보기 어렵고, 산재에 대한 경총의 일관된 주장이라고 보는 것이 타당하다. 물질안전보건자료를 통해 알권리를 보장하고 있는데도 당사자들이 유해 환경에 대해 신경 쓰지 않기 때문에 산재가 발생한다고 생각하고 있는 것 같다. 어떻게 아직도 그런 생각을 하는지 의아하지만, 실제로는 영세 사업장의 경우 노동자의 알권리를 보장하기 위한 최소한의 조치도 취하지 않는 경우가 대부분이다. 그나마 중규모 이상의 사업장에서는 〈산업안전보건법〉에서 명시된 안전보건 조치를 한다고는 하지만, 대부분 형식적인 고지에 불과하고 고용 관계에서 벗어난 노동자는 그런 알권리조차 무시당하기 일쑤이다. 노동자의 건강에 영향을 미치는 정보에 대해 노동자가 제대로 이해할 수 있도록 물질안전보건자료를 제공해야만 최소한의 알권리가 보장된다고 할 수 있다. 그런 점에서 알권리를 제대로 보장받는 노동자를 거의 찾아보기 힘들다고 해도 과언이 아닐 것이다.

노동자 알권리의 실효성을 갖추기 위해 우선적으로 노동자와 노동자의 대표에게 작업 중지권을 완전하게 부여해야 한다. 위험한 상황에 놓일 때 노동자에게 위험한 작업을 중지할 권한과 그로 인해 불이익을 받지 않을 권한을 부여하지 않는다는 것은 붕괴 위험이 있는 공사장에서 강제로 일을 시키는 것과 매한가지다. 자신에게 닥칠 위험이 무엇인지를 알아야 할 권리, 실제 닥친 위험에서 벗어날 권리는, 아무리 〈산업안전보건법〉이 사업주의 이해에 편향되어 있다고 해도, 법적으로 보장하고 있는 권리다. 그것이 지켜지지 않는 한 우리 사회는 영원히 노동자 건강 문제에서 후진적인 면모를 벗지 못할 것이다.

넷째, 노동자의 건강 문제를 해결하는 데에 정말 중요한 원칙은 당사자인 노동자가 건강 문제에 관한 의사 결정에서 중심적인 역할을 해야 한다는 사실이다. 앞서 살펴본 바와 같이 현행 〈산업안전보건법〉은 노동자의 안전을 적극적으로 보장하기보다는 사업주의 책임을 덜어 주는 방향으로 편향되어 있다. 이렇게 된 데에는 다른 원인도 있지만, 일차적으로 산업안전보건에서 노동자가 주체가 아닌 대상자에 불과했음을 간

164

과하기 어렵다. 산업안전보건 조치가 노동자가 아니라, 사업주의 관점과 주도하에 이루어진다면 노동자의 건강 문제가 해결되기를 기대하기는 요원할지 모른다.

가장 기본적인 알권리도 보장하지 않는데, 참여의 원칙을 이야기하는 것이 가당키나 할까? 그렇지만 우리가 처한 환경이 어떻게 바뀌더라도 안전하고 건강한 삶과 노동이 가능하려면 알권리만으로는 안 된다. 단지 사업주에게 책임을 부과하는 것만으로는 알권리가 보장될지도 까마득하다. 권리 주체인 당사자가 물질과 공정의 생산 및 사용에 관여할 수 있어야 한다. 그리고 이때의 참여 주체는 노동자를 뛰어넘어야 한다. 지역사회에 영향을 미친다면 지역사회의 참여가 보장되어야 한다. 지역사회의 물리적·사회적 환경 변화에 영향을 미칠 수 있다면, 해당 업무를 수행하는 노동자뿐만 아니라 지역 주민도 물질과 공정의 생산 및 사용의 적절성에 대해 개입할 수 있는 참여 권한이 주어져야 한다. 당연히 기존 〈산업안전보건법〉 체제로는 불가능하다. 새로운 법과 제도, 체계가 필요하다.

다섯째, 위험의 외주화를 용납하지 않고 위험의 생산자가 위험에 대한 포괄적인 책임을 지는 방식으로 바뀌어야 한다. 위험을 생산하는 기업이 이를 외주화하지 않고 정규 인력만으로 생산 활동이 이루어진다면 기존 산업안전보건 체계로 위험을 관리할 수 있을 것이다. 그렇지만 자본주의 체계는 끊임없이 하청 계열화 및 외주화를 확대하며 위험마저 외주화하기 때문에 기존 틀로는 위험을 생산한 사업주의 책임을 묻기가 어렵다. 즉, 용역, 사내 하청 등 비정규직 노동의 비중이 큰 상황에서 사업주의 책임을 근로계약을 맺고 있는 노동자로 한정하는 현행 〈산업안전보건법〉으로는 노동자 건강 문제를 해결할 수 없다.

당연히 비정규직의 정규직화가 근본적인 해법이지만 당장의 실현 가능성을 볼 때 쉽지 않은 일이다. 따라서 비정규직 문제가 완전히 해결되기는 어렵더라도 현재와 같이 동일한 공간 내에서 일하고 있음에도 안전보건 문제에서 차별적 대우를 받는 현실을 최우선적으로 해결해야 한다. 시작은 어렵지 않다. 〈산업안전보건법〉에서 사업주 책임의 범위를 포괄적으로 규정하면 된다. 최소한의 인권적 가치를 보장하는 사회라면, 적어도 안전하게 일할 권리만큼은 정규직이든 비정규직이든 동일하게 보장되어야 한다.

특히, 플랫폼 자본의 경우는 전통적인 근로계약을 사용계약으로 대체하고 노동자를 이용자와 매개하는 라이더 등으로 파편화한다. 이런 과정에서 생산된 위험을 외주화하고 구조화한다. 그리고 그에 대한 책임은 노동자와 별반 차이가 없는 소규모 사업주들에게 전가된다. 이런 상황이 방치되는 한 노동자의 건강과 안전한 일터는 요원할 수밖에 없다. 위험을 생산한 원청 사업주와 발주처가 책임지는 구조가 만들어져야 문제의 해답을 찾을 수 있다. 근로계약에 기반한 산업안전보건 체계의 한계를 뛰어넘어야 가능할 것이다.

모든 노동자를 포괄하는 산업안전보건 체계

앞서 살폈듯이, 한국의 〈산업안전보건법〉은 수많은 위험 물질을 나열하고 이것에 대한 사업주의 산업안전보건 의무를 규정하는 식으로 구성되어 있다. 그런데 수많은 위험 물질 및 공정의 위험성에 대한 정보를 파악할 수 있고, 이를 노동자에게 알릴 능력을 갖추고 있으며, 노동자에게 정기적으로 교육할 수 있는 사업주는 일부에 불과하다. 기본적으로 중규모 이상의 사업장을 운영하는 사업주 정도는 되어야 법적 의무를 이행할 수 있는 인적·재정적 역량을 갖출 수 있다.

큰 기업의 사업주는 〈산업안전보건법〉을 충실하게 이행하고 있을까? 많은 전문가와 노동 시민사회 진영이 의구심을 버리지 못하고 있지만, 적어도 소규모 사업장에서 〈산업안전보건법〉이 전혀 지켜지지 않음은 분명하다. 그러다 보니 산업재해의 상당수가 드러나지 않고 있음에도 소규모 사업장의 산재 발생률이 높게 나오는 것이다.

이뿐만 아니라 현행 〈산업안전보건법〉은 사업주에게 산업안전보건에 관한 책임을 물을 수 있는 노동자나 사업장의 범위를 매우 좁게 규정하고 있다.* 그 결과 산업안전보건을 책임져야 할 사업주임에도 직접적인 계약관계에 있지 않다는 이유로 수많은 사내 하청 노동자 등 비정규직 노동자들에 대한 산업안전보건의 책임에 대해 면죄부를 받고 있다. 즉, 현행 〈산업안전보건법〉은 사업주의 책임을 정규직 노동자에 국한함으로써 위험 작업이 용역, 하청 등 비정규직 노동에게 전가되는 데에 일조한다. 플랫폼 자본도 마찬가지다.

이렇듯 노동자의 안전과 건강을 책임져야 할 〈산업안전보건법〉이 제 역할을 하지 못하면서 사실상 사업주를 보호하는 방어막이 되고 있다. 경영자단체들은 이 법이 기업 활동을 위축한다며 볼멘소리를 하지만, 이보다 더 사업주를 위한 산업안전보건 체계가 나오기 어려울 정도로 현행 〈산업안전보건법〉은 사업주에게 경도되어 있다. 큰 사업장의 경우는 다른 큰 위험이 존재하든 안 하든 상관없이 법에서 나열한 위험 요인 및 공정에 대한 예방 조치만을 하면 그뿐이다. 예를 들어 삼성 반도체는 법에서 나열한 위험 요인 및 공정에 대한 예방 조치를 시행했다고 보고되고 있으나 실제로는 백혈병이 발생할 정도의 중대한 건강상 문제가 발생했다. 사업장 규모에 비추어 볼 때 법에서 명시한 안전보건 조치를 이행하는 데에

---

* 〈산업안전보건법〉 제3조에 적용 범위를 모든 사업으로 규정하고 있지만, 대통령령으로 전부 또는 일부를 적용하지 아니할 수 있다는 규정을 두고 있다. 실제 대통령령 별표 1에 적용을 받지 않는 사업의 범위가 매우 광범위하게 제시되어 있다.

소요되는 비용은 큰 문제가 되지 않는다. 이것만 하면 실제 다른 산업재해가 발생하더라도 별다른 제재 조치가 없을뿐더러 설사 제재 조치를 당하더라도 솜방망이 벌금만 내면 모든 게 해결된다.

2011년 7월 2일 경기도 고양시에 있는 이마트 탄현점에서 기계실 냉동 설비를 수리하던 하청 노동자 4명이 질식사했다. 사망 노동자 가운데에는 군대 제대 후 복학을 앞두고 임시직으로 일하던 대학생이 있어 그 유족들과 학교 구성원들이 이마트 기업의 책임을 물었다. 사고 후 이마트와 냉동기 설비 업체가 기계실 안전 책임을 두고 분쟁을 벌였지만, 원청 기업의 책임에 대한 여론의 관심이 높아졌다. 더욱이 냉동기 설비 업체는 영세한 업체에 재차 외주를 주었고, 결국 영세 업체의 대표와 알바생을 포함한 해당 업체의 노동자 2명, 그리고 냉동기 설비 업체 관계자가 사망했다.

경찰은 초기에 이마트에 대한 조사를 형식적으로 하고 외주 업체만 조사한 바 있다. 당시 노동건강연대에서 일하고 있던 나는 사고 직후 원청 기업 이마트의 책임을 묻고자 〈산업안전보건법〉 위반으로 이마트를 고발했다. 노동부 의정부지청에서 고발인 조사를 받기도 했다. 결국 이마트에 대한 노동부 조사가 시작되었고 최종적인 결과가 내게 통보되었다. 사망과 관련성이 없는 다른 안전보건 조치 위반을 이유로 200만 원 남짓한 벌금이 이마트에 부과되었다는 내용이었다. 어이가 없었다. 정작 사망에 대한 이마트의 책임과 상관없는 내용의 벌금이라는 점도 황당했고, 벌금액을 보면 노동자 한 명당 목숨이 고작 50만 원에 불과하다는 사실에 황망했다. 위험한 일은 절대 원청 업체가 맡을 필요가 없고 맡아서도 안 된다고 확인해 준 판결이었다. 실제 수리를 담당한 소규모 사업체에 책임을 물을 수도 없다. 영세 사업장의 사업주는 대부분 같이 일하는 경우가 많은데, 해당 사업주도 업체 직원과 별반 다를 바 없이 일하다가 사망했기에 책임을 물을 당사자도 없어졌다. 더욱이 앞서 말했듯이 노동자 중 한 명은 인천의 한 대학을 다니며 아르바이트하던 학생이었다. 당연히 산재 적용 대상이 아니라는 이유로 보상도 받을 수 없었다. 이런 결과를 보면, 이마트 같은 대기업을 위한 〈산업안전보건법〉이라고 해도 과언이 아닐 듯싶다. 이에 노동건강연대는 '노동자 산재 사망, 비정규 하청 노동자가 더 많이 죽는다'를 주제로 토론회를 열고 원청·발주 기업의 법적 책임을 강화할 방안을 공론화하기 시작했다.

이 사건에서 확인했듯이 산업재해 위험이 높은 소규모 사업장의 경우는 사업주가 〈산업안전보건법〉에서 나열하고 있는 산업안전보건 조치를 수행할 여력이 없기에 법규대로 거의 적용되지 않는다. 따라서 소규모 사업장에서 산재가 많이 발생하고 있음에도 〈산업안전보건법〉을 이행하는 데 따른 실질적인 부담은 크지 않다. 실제로 큰 산재 사고만 나지 않으면 고용노동부 산업안전감독관의 감독이 없다고 해도 무방하다. 일부 정부 지원금을 받아 산업재해 예방 설비 등을 가동하는 사업장도 있지만, 그런 방식으로 소규모 사업장의 산업재해가 줄어들 것이라고 기대하기는 어렵다. 제대로 작동하지 않는 〈산업안전보건법〉은 사업주에게 그리 큰 걸림돌이 아니다.

사실 중간 규모의 사업장만 조금 고달픈 처지에 놓여 있다고도 볼 수 있다. 여기에 해당하는 사업주가 〈산업안전보건법〉에 대한 민원을 가장 많이 내고 있기도 하다. 중간 규모 사업장은 규모가 더 큰 기업에 비해 나열한 산업안전보건 조치를 수행할 역량이 빠듯하고 근로감독관(산업안전보건)도 다른 소규모 사업장처럼 산업안전보건에 관한 예외를 두고 있지 않기 때문에 〈산업안전보건법〉을 골칫덩어리로 생각하는 경향이 강하다. 그러나 이 사업장들 역시 대기업과 마찬가지로 새로운 위험 인자나 공정에 대한 사전 예방 조치를 거의 하지 않는다. 노동부나 한국산업안전공단 등에서 감독의 칼날을 겨누고 있는 일부 항목에 대해서만 형식적 관리에 치중하고 있는 실정이다.

그런데 산업안전보건에 관한 예방 조치는 이마저도 제조업이나 건설업에 종사하는 노동자들의 이야기이고, 절대다수를 차지하는 서비스업 노동자들, 그리고 농업 노동자들은 아예 제외되고 있는 실정이다. 특히, 정규직보다 더 비중이 커진 비정규직 노동자도 제외된다. 자본의 입장에서 볼 때 전체 노동자의 약 10%만 〈산업안전보건법〉이 규정하는 예방 조치들을 하면 법이 규정하는 의무를 다하는 셈이니 결코 불리하지 않다. 개별 사업주의 입장에서 볼 때도 〈산업안전보건법〉은 일부 사업주를 제외하면 대부분 만족스럽게 여길 정도로 기업 친화형 법률 체계라 이야기할 수 있다. 이런 상황에서 전체 노동자의 건강을 논하는 것 자체가 불가능하다.

새로운 산업안전보건 체계를 위한 제안

이런 문제를 해결하기 위해서는 산업안전보건 체계의 전면적인 변화가 필요하다. 첫째, 위험을 생산한 원청 또는 발주처에 산업안전보건의 책임을 부과할 수 있어야 한다. 산재 발생 위험도가 높은 업종의 사업주에게 사내 하청 등 간접 고용형태의 비정규 노동자를 비롯해 사업장에서 위험에 노출되어 있는 모든 종사자에 대한 안전보건의 책임을 부과해야 한다. 해당 사업체가 생산한 위험에 노출된 노동자 전체에 대해 안전보건의 위험도를 주기적으로 평가하고, 사고가 발생하기 전에 예방 계획을 수립·집행할 수 있도록 제도를 정비해야 한다.

또한 사업장 내에서 일차 산업보건 서비스를 적절히 제공할 수 있도록 시설 및 인력 기준을 비롯한 제도적 장치를 마련해야 한다. 현재는 규모에 따라 산업보건의, 보건관리자, 보건

관리 대행 등을 두도록 되어 있는데, 사업장의 특성 등에 따라 전문 인력을 배치하고, 사업체 인근의 의원 같은 일차 의료 기관이나 보건소 등의 보건 기관이 노동자에 대한 기초 건강 관리와 교육, 상담, 환경 개선 등을 포함한 기본적인 안전보건 서비스를 제공해야 한다.

산업의학과가 설치·운영되고 있는 종합병원과 같은 산업보건 전문 기관에 서비스의 전달 및 의뢰가 잘 이루어질 수 있도록 산업안전보건 서비스의 전달 체계도 잘 구축해야 한다. 위험을 외주화한 경우도 원청 및 발주처에 하청 및 외주 업체가 산업안전보건 조치를 취하지 않아 발생하는 책임을 부과할 뿐만 아니라 계약 및 단가 등에 산업안전보건 조치의 시행에 필요한 비용을 포함할 수 있도록 법적 근거를 마련해야 한다.

이런 원칙은 플랫폼 기업에도 동일하게 적용해야 한다. 속도 경쟁을 유발하는 플랫폼 시스템 속에서 이동과 이송 과정에 위험이 상존함에도, 그 책임은 오롯이 플랫폼 노동자에게 돌아가는 구조를 바꾸어야 심각한 노동권 침해를 막을 수 있다. 인터넷을 통해 소비자에게 상품을 팔고 나서 인력 부족 등으로 네트워크 연결이 원활하지 않은 콜센터 노동자에게 모든 민원을 감당하도록 하고 나서 콜센터 노동자에게 폭언하지 말라고 법적 경고를 한다고 해서 콜센터 노동자에 가해지는 폭력이 사라질 리가 없다. 그리고 그에 따른 정신적·신체적 건강 악화에 대한 책임이 콜센터 노동자에게 고스란히 전가되는 구조를 바꾸어야 문제를 해결할 여지가 생긴다. 결국 플랫폼 업체가 만든 시스템이 그 속에서 일하는 노동자에게 과도한 감정 노동을 유도하는 한 노동자의 불건강 문제에 대한 포괄적인 책임은 플랫폼과 시스템을 개발한 원청 사업주가 부담해야 마땅하다.

원청의 책임성을 높이는 것은 사전 예방부터 이루어져야 한다. 과거와 같이 작업환경 측정, 건강검진 등에 대해 들어가는 비용 모두를 사업주가 직접 마련하고, 서비스 제공 기관도 사업주가 직접 선정해 비용을 지불할 경우 서비스 제공 기관은 비용을 부담하는 사업주의 눈치를 볼 수밖에 없기 때문에 좁은 사업장 단위를 넘어서서 위험의 외주화를 실질적으로 예방할 수 있는 시스템을 구축하기가 어렵다. 노동자의 참여가 절대적으로 보장되는 가운데 공공적 방식으로 재원을 조달하고 비용을 보상하는 방식으로 제도를 개혁해야 한다. 현재 산재보험료에서 특수 건강검진 및 작업환경 측정 비용을 추가로 납부하도록 하는 방안이나 별도 기금을 조성하는 방안을 생각해 볼 수 있다. 물론 공공적 방식으로 재원을 조달하더라도 해당 비용은 하청 또는 외주 업체로 위험을 이전한 원청이 부담하도록 할 필요가 있다. 그런데 예방 비용 중 노동자의 건강증진 사업에 필요한 비용은 위험의 생산과 직접 관련되지는 않는다고 볼 수 있고, 개별 사업장에서 비용을 부담할 경우 (부담할 능력이 있는) 대기업만 건강증진 사업을 수행하는 문제가 발생할 수 있으니 국민건강증진기금 등 다른 공적 기금을 통해 재원을 조달하는 것이 타당해 보인다.

행정적으로는 고용노동부의 산업안전보건에 대한 기획 능력을 강화하고 〈산업안전보건법〉에 규정한 산업안전보건 사업 등에 대한 한국산업안전공단의 평가 및 지원 기능을 강화해 사후 약방문식의 예방 활동에서 벗어나야 한다. 즉, 사전 예방 원칙을 충실히 따르는 방향으로 관리·감독 및 지원 서비스를 강화해야 한다. 플랫폼 기업들과 특수 고용 관계에 있는 노동자들의 산업안전보건에 대한 책임도 위험을 생산한 플랫폼 업체 사업주의 몫이 될 수 있도록 고용노동부의 관리를 강화해야 한다. 플랫폼 업체의 사업장이 특정 지역에 한정되지 않고 근로계약에 초점이 맞추어져 있지 않다는 점에서, 고용노동부가 기존 〈근로기준법〉 체계를 넘어선 규제 체계를 구축할 필요가 있다.

2020년 전면 개정된 〈산업안전보건법〉이 과거보다 진일보한 측면이 없지는 않지만(96쪽 참조), 여전히 나열적인 특성을 벗지 못한 〈산업안전보건법〉을 근본적으로 개혁해야 한다. 새로운 법률을 제정하는 수준으로 〈산업안전보건법〉을 개정하거나 이참에 새롭게 법률을 제정할 필요가 있다. 일하는 모든 사람이 법률 적용 대상에 포함되고, 위험을 생산한 사업주와 발주처에 특정 공간으로만 국한되지 않는 일터의 안전과 건강에 관한 포괄적인 책임을 부과하는 원칙을 관철하는 방향으로 법률 제·개정이 필요하다. 더 나아가 법률의 제·개정이 사업주의 포괄적 책임을 강화하고 사업장 단위에서 노동자의 참여를 보장하는 데에 그치지 않고 지역 단위로 노동자 건강권의 대표성을 확대하고 산업안전보건 활동을 확장하는 방향으로 나아갈 필요가 있다. 소규모 사업장은 사업장 단위로 산업안전보건 문제를 해결할 역량과 조건 등이 부족하므로 지역 단위로 문제를 풀어야 해결의 실마리를 찾을 수 있다. 또한 지역사회에서는 노동자의 문제가 일반 주민의 건강 문제와 떨어져 있지 않다는 점에서도 산업안전보건에 대한 지역사회 차원의 접근이 필요하다. 정부의 역할도 규제자의 기능에서 끝나는 것이 아니라 위험을 생산한 원청 사업주에게 책임을 묻기 어려운 노동자의 권리를 적극적으로 보장하는 공적 책임 주체로서의 기능이 강화되어야 한다.

둘째, 산재 사고가 빈번하게 발생하는 일터 중 규모가 작아 산재 사고에 대한 사업주 책임을 부과하기 어려운 고위험 일터는 지역노동건강센터와 같은 기관을 설립해 노동자의 건강 문제를 풀어 가야 한다. 지역노동건강센터는 주로 동 단위에서 설립되어 소규모의 산재 사고 고위험 일터에 산업보건 서비스를 제공하면서 지역 주민을 대상으로 일차 의료 서비스까지 제공하는 지역사회 밀착형 기관이다. 현재 일부 도시 지역에서 설립되고 있는 도시형 보건지소의 특수한 형태라고 볼수도 있다. 고용노동부도 공단 지역 등을 중심으로 근로자건강센터를 운영하고 있지만, 민간 위탁으로 이루어져 공적 책임성이 약하고 일부 공단 지역 등에 초점이 맞추어져 있어서 포괄 범위가 제한적이다.

이때 지역노동건강센터에서 제공하는 산업보건 서비스는 일반 건강관리, 특수 건강관리, 사업장 위험도 평가 등 전통적인 산업안전보건 사업을 포함하면서 소규모 사업장의 특성을 반영한 건강증진 프로그램을 적용해야 한다. 또한 지역노동건강센터와 산업의학 전문의가 배치되어 있는 종합병원의 산업보건 전문 기관 간에 의뢰 및 전달 체계를 확립해 양질의 안전보건 서비스를 지속적으로 제공해야 한다. 지금도 지불 능력이 없는 소규모 사업장의 경우 검진 비용을 산업재해예방기금에서 부담하도록 하고 있는데, 검진 비용에 그치지 말고 전체 예방 비용을 공적 기금에서 부담하는 방식으로 확대할 필요가 있다. 그리고 예방 기금뿐만 아니라 정부가 직접 예산을 지원하는 방안도 고려해 봄 직하다.

〈산업안전보건법〉의 제·개정을 통해 법적 근거를 마련할 뿐만 아니라 〈지역보건법〉 등에 관련 규정을 포함함으로써, 보건소, 보건지소 등 지역 보건 기관이 담당하는 공적 업무의 일환으로 소규모 사업장에서 일하는 노동자의 건강 문제를 진단하고 문제를 해결할 전략과 계획을 수립할 의무를 포함해야 한다. 지역사회에 있는 학교, 직장, 이웃 등 생활터의 공중보건 및 건강증진 업무는 지역사회 차원에서 접근하고 해결해

가야 한다. 지역사회 건강증진에서 핵심적인 영역인 노동자 또는 일터의 업무를 고용노동부의 업무 영역이라는 이유로 지역사회에서 제외해 생활터 건강관리 및 건강증진을 방치해 왔던 과거의 오류를 개선해야 한다. 세계보건기구는 이미 일터에 대한 포괄적 책임을 지역 보건 또는 공중보건의 영역에 포함하고 그 역할을 강화해야 한다는 입장을 견지하고 있다. 사적 영역이라는 논리로 방치되어 왔던 사업장의 공중보건 및 건강증진 업무가 보건 기관 본연의 역할임을 명확히 하고, 〈지역보건법〉 등을 개정해 법률적 근거를 마련해야 한다.

셋째, 도매업과 같이 규모가 상대적으로 크면서 전통적인 재해보다는 신체 부담 작업으로 말미암아 근골격계 질환 등과 같은 직업성 질환의 비중이 높은 신체 부담 작업 일터는 공중보건과 전통적인 산업안전보건이 함께 문제를 풀어 가는 체계를 갖추어야 한다. 한국산업안전공단에서 안전보건에 대한 기술적 지원 서비스를 제공하면서도 보건소에서 건강증진사업과 만성질환관리사업 등 직장 건강관리 서비스를 통합적으로 제공할 수 있도록 해야 한다. 이렇게 보건소가 지역사회 내에 있는 신체 부담 작업 일터에 대한 건강관리를 하려면 보건소의 기능 강화가 전제되어야 한다.

현재 시군구에 설치·운영되고 있는 보건소는 집단 대상의 공중보건 기능과 대인 서비스 위주의 건강관리 기능이 혼재되어 있어서 어느 것 하나 제대로 기능하기 어렵다. 그뿐만 아니라 인프라와 접근성 측면에서 지역 주민 전체를 대상으로 한 보편적 서비스를 제공하지 못한 채 일부 계층 및 지역에 한정된 잔여적 접근에 그치고 있다. 이처럼 생활터별로 포괄적인 서비스를 제공하지 못한 채 특정 사업 위주의 분절적인 서비스만 제공하기 때문에 보건 환경의 변화에 능동적으로 대응하기 어렵다는 비판이 존재한다(임준 2018). 개별적인 보건 서비스는 도시보건지소나 보건지소, 그리고 건강생활지원센터 등과 같은 소지역 단위의 보건 기관에서 제공하고, 보건소는 시군구 단위의 기획 및 질병 관리를 총괄하는 컨트롤 타워 역할을 수행하면서 일터, 배움터 등에 대한 집단 대상의 보건 사업과 데이케어 센터 운영 등의 기능을 수행하는 방향으로 각 보건 기관의 기능 개편이 필요하다.

이렇게 기능이 개편된다면 신체 부담 작업 일터의 건강관리 업무를 보건소에서 담당하기 때문에 별도의 시설 비용은 필요하지 않지만, 보건소 내에서 일터 건강관리 서비스를 제공하는 데에 필요한 인력 및 사업에 소요될 예산 확보가 필수적이다. 또한 보건소의 인적자원이 매우 부족한 상황이기 때문에 건강보험공단 등 지역의 관련 조직과 협력 모형을 구축해 사업을 전개해야 시너지 효과를 낼 수 있다. 이 경우 〈지역보건법〉을 개정해 법적 근거를 마련해야 함은 물론이다.

넷째, 규모가 큰 사무직종 사업장은 일반적인 만성질환관리 및 건강증진 업무에 통합해 보건소에서 직장 건강관리 서비스를 제공할 수 있도록 한다. 그동안 사무직은 안전보건의 사각지대라고 해도 과언이 아니었다. 그런데 사무직의 특성상 안전보건 문제가 별도로 존재하기보다는 일반적인 건강 문제와 결합되어 있기 때문에 일반적인 건강관리 차원에서 함께 다루는 것이 타당하다. 사무직종의 건강관리는 그동안 건강보험공단에서도 수행해 온 만큼 보건소가 건강보험공단과 함께 공동 사업을 추진할 필요가 있다.

일반적인 직장 건강관리 서비스라 하더라도 사무직의 근무 환경이 바뀌지 않으면, 만성질환의 예방과 건강관리가 어렵다. 앞서 살펴본 바와 같이 담배와 술의 노출도 순전히 개인의 의지에 따른 문제가 아니라 직장의 조직 문화와 노동강도, 직무 스트레스 등과 밀접하게 관련되어 있다는 점에서 일반 건강관리에 직장의 근무 환경 개선이 포함되어야 한다. 〈국민건강증진법〉과 〈지역보건법〉에 일터 환경 개선에 대한 사업주의 의무를 부과하고 보건소 등 보건 기관의 평가와 지원을 제공할 법적 근거를 마련할 필요가 있다.

마지막으로 자영업이나 5인 미만의 소규모 일터인 경우 산업안전보건의 규제 틀에 포함하기 어렵고 대다수 건강 이슈가 지역사회 건강증진 이슈와 동일하다는 점에서 도시보건지소나 건강생활지원센터 등에서 수행하는 편이 타당할 것으로 판단된다.

지역 내의 서비스 업종에 종사하고 있는 공식·비공식 부문의 노동자는 그 규모가 매우 크지만 사실상 어떤 곳에서도 이들에 대한 건강관리를 하지 못하고 있다. 이들의 산업안전보건 문제와 일반적인 건강 문제는 별도로 존재하지 않을 뿐만 아니라 기존의 체계로 이들 대상 노동자의 건강 문제를 다룬다는 것이 현실적으로 불가능하고 효과적이지도 않기 때문에 철저하게 지역 중심적 접근 전략을 가져갈 필요가 있다.

서비스 업종의 경우 소비의 지점에 발생하는 노동자의 건강 문제를 예방하기 위해 〈국민건강증진법〉과 〈지역보건법〉에 일터 환경 개선에 대한 사업주의 의무를 부과하고 사업체의 개설과 보수교육 등에 작업환경 개선에 대한 사업주 교육을 강화하며, 직접적인 환경 개선이 필요한 분야에 대한 정부 지원의 법적 근거를 마련하고 건강증진 인프라를 확충해야 한다. 예를 들어 노동자, 자영업자 등 지역사회 구성원이 공동으로 이용할 수 있는 수유 시설이나 휴게 공간, 건강증진 시설 등에 대한 공적 인프라를 확대해야 한다. 학교 등 유휴 공간을 적극 활용하는 방안도 생각해 볼 만하다.

또한 보건소의 관리 책임하에 동마다 지역건강센터를 건립해 규모가 작은 서비스업 종사자에 대한 일차보건의료와 결합된 일반적인 건강관리 사업을 수행할 필요가 있다. 아직 도시 지역에서도 극히 일부만 만들어지고 있는 도시보건지소나 건강생활지원센터를 읍·면·동 지역까지 확대해 명실상부한 지역건강센터로 확충할 필요가 있다. 시군 지역에 있는 보건

그림 4-1 새로운 산업안전보건관리 모형

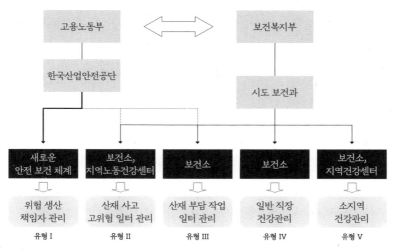

지소도 공중보건의사가 배치되어 진료만 하고 있는데, 농·어업인의 건강 문제를 포함해 소지역 단위에서 일하는 사람들의 건강 문제를 다룰 수 있도록 기능을 확장해야 한다.

공중보건에 대한 지역사회의 역량을 강화할 전통적인 필요성과 함께 일차 의료 만성질환 사업의 확대, 지역사회 통합 돌봄에 대한 요구도 증가, 공공 보건의료 강화에 대한 필요성 증가 등 제도적·환경적 변화와 맞물려 소지역 단위 보건 기관의 기능 개편과 인프라의 확충에 관한 사회적 의제화가 이루어지고 있다. 실질적인 인프라의 확대와 함께 지역건강센터는 노인과 장애인 전체를 대상으로 한 건강 돌봄 서비스와 일차 의료기관과 연계한 만성질환관리 서비스를 제공하면서 건강보험공단과 협력해 소지역 내에서 일하는 사람들에게 건강 증진 서비스를 제공함으로써 새로운 산업안전보건 체계의 중심적 역할을 담당할 필요가 있다. 이런 촘촘한 체계를 구축할 때에 모든 노동자가 각자의 조건 속에서 차별 없이 건강한 노동과 삶을 영위할 수 있을 것이다.

한국 의료보장의 현주소

5장

지금까지 노동자가 안전하고 건강하게 일할 수 있는 환경과 구조적 변화 속에서 노동자의 건강 위험이 증가하고 있다는 점을 살펴보았다. 사전 예방은 어렵다고 하더라도 노동자에게 건강 문제가 발생할 경우 건강을 회복하고 다시 일터와 일상으로 복귀할 수 있을까? 이것이 가능한지를 검토하기에 앞서 질병 또는 건강 문제를 대처하기 위해 우리 사회의 의료보장 체계를 살펴볼 필요가 있다. 이를 기반으로 노동자의 시각에서 한국의 의료보장 체계가 지금 그리고 미래의 건강을 보장할 만한지를 비판적으로 검토해 보고자 한다.

사회보장제도의 종류와 특징

우리나라 헌법 제34조에 따르면, 모든 국민은 인간다운 생활을 할 권리를 가지며, 국가는 사회보장·사회복지의 증진에 노력할 의무를 지고, 신체장애인 및 질병·노령 기타의 사유로 생활능력이 없는 국민은 법률이 정하는 바에 의하여 국가의 보호를 받는다. 또한 국가는 재해를 예방하고 그 위험으

표 5-1 한국 사회보험의 종류와 특성

	국민연금	건강보험	고용보험	산재보험	노인장기요양보험
시행 연도	1988년	1977년	1995년	1964년	2008년
기본 성격	소득 보장	의료보장	실업 고용	산재 보상	장기 요양
적용 대상	전 국민	전 국민	상시 근로자 1인 이상 사업장	상시 근로자 1인 이상 사업장	전 국민
서비스 대상	60세 이상	전 국민	실업자 및 재직자	산재 노동자	65세 노인 및 노인성 질환을 가진 자
급여 방식	현금 (소득 비례)	현물 (균등 급여)	현금 (소득 비례)	현물(균등 급여) 현금(소득 비례)	현물
관리 기관	국민연금공단 (보건복지부)	건강보험공단/ 건강보험심사 평가원 (보건복지부)	고용노동부	근로복지공단 (고용노동부)	건강보험공단 (보건복지부)

로부터 국민을 보호하기 위해 노력해야 한다. 이에 따라 〈사회보장기본법〉에서는 사회보장을 '질병·장애·노령·실업·사망·출산·양육 등의 사회적 위험으로부터 모든 국민을 보호하고 빈곤을 해소하여 국민생활의 질을 향상하기 위해 제공되는 사회보험·공공 부조·사회복지 서비스 및 관련복지 제도'로 정의하고 있으며, 넓은 의미로는 교육, 주거, 고용 등도 이에 포함된다.*

사회복지 제도 중에 사회보험은 국민에게 발생하는 사회적 위험을 강제적인 보험 방식에 의해 대처하도록 함으로써

* 〈사회보장기본법〉 제3조 참조.

국민 건강과 소득을 보장하는 제도이다. 보험 방식인 만큼 주요 재원은 기여금이다. 현재 한국은 국민연금, 건강보험, 고용보험, 산재보험, 노인장기요양보험 등 5대 사회보험을 운영하고 있다.

국민연금은 60세 이상 노인에 대한 소득 보장의 성격을 가지며, 전 국민이 가입 대상이다. 소득에 비례한 현금급여가 원칙이며, 보건복지부 산하 국민연금공단이 관리한다. 건강보험은 전 국민 의료보장의 성격을 갖고 있으며, 국민연금과 마찬가지로 전 국민이 가입 대상이다. 의료 서비스인 만큼 현물급여가 원칙이며, 보험료는 정률제이기 때문에 소득에 따라 액수가 다르나 서비스는 모든 국민에게 동일하게 지급되는 균등 급여 방식이다. 관리 기구는 보건복지부 산하 국민건강보험공단이다. 고용보험은 실업 위험에 대비하며 상시 근로자 1인 이상 사업장이 적용 대상이다. 실업자에게는 소득에 비례해 실업 급여가 지급되며, 실업자 및 재직자에게 직업훈련 서비스 등이 제공된다. 관리 기구는 고용노동부이며, 집행기관은 고용센터이다. 산재보험은 산업재해에 따른 피해를 보상하는 성격을 가지며 상시 근로자 1인 이상 사업장이 적용 대상이다. 소득에 비례한 현금급여와 함께 재활·치료 서비스 등의 현물급여가 제공된다. 관리 기구는 고용노동부 산하 근로복지공단이다. 노인장기요양보험은 건강보험 가입 대상자인 전체 국민이 적용 대상이고, 서비스 대상자는 65세 노인이

거나 노인성 질병이 있는 사람이다. 보건복지부 산하 국민건강보험공단이 관리하고 있다.

사회보험은 민간 보험과 비교해 볼 때 사회연대성, 강제 가입이라는 면에서 결정적인 차이가 있다. 사회보험은 국민 전체의 소득을 보장하거나 의료를 보장하는 데 목적이 있는 제도로 사회연대성과 소득재분배 원칙이 강조되지만, 민간 보험은 개인적 필요에 따른 보장에 강조점을 둔다. 또한 사회보험은 민간 보험과 달리 강제 가입을 원칙으로 한다. 한국의 사회보험 가입자들은 보험료를 정률로 내기 때문에 소득재분배 효과는 크지 않지만, 그래도 소득이 많은 사람일수록 보험료를 많이 부담하고 소득이 적은 사람은 적게 부담한다. 반면 혜택은 모든 사람이 균등하게 받는다. 이런 제도 설계에 따라 소득재분배 효과가 생긴다.

건강보험에 초점을 맞추어 살펴보면, 건강한 사람의 보험료가 건강하지 못한 사람의 의료비에 사용되기 때문에 수평적 재분배의 효과도 가지고 있다. 그러나 바로 이런 점 때문에 소득이 많거나 건강한 사람일수록 건강보험 가입을 회피할 유인이 크다. 만약 소득이 많거나 건강한 사람은 건강보험 가입을 거부하고, 소득이 적거나 건강상 문제가 있는 계층만 건강보험에 가입되어 있다면, 건강보험의 재정난은 심각해질 수밖에 없고 건강보험 존속 자체가 위협받게 된다. 이런 이유로 의료는 국가와 사회가 함께 책임진다는 사회연대성의 원칙에 따라 모든 국민의 강제 가입으로 사회보험 제도가 운영된다. 또한 사회보험의 경우 정부, 기업, 국민이 모두 공동으로 부담한다는 원칙에 따라 운영된다.

사회보험과 달리 공공 부조는 국가 및 지방자치단체의 책임하에 생활 유지 능력이 없거나 생활이 어려운 국민의 최저생활을 보장하고 자립을 지원하는 제도다. 공공 부조는 빈곤층을 대상으로 하며 재원을 조세로 마련한다. 빈곤층이 대상이기에 소득과 재산을 조사하는 자산 조사를 수반하는 특징이 있다. 국민기초생활보장제도와 이에 근거한 의료급여 제도가 한국에서 운영되는 대표적인 공공 부조 제도다.

사회보험, 공공 부조 등 소득 보장과 의료보장 정책으로도 해결되지 않는 특별한 욕구를 가진 대상자에게 별도의 복지 서비스를 제공하는 사회 서비스 제도도 존재한다. 장애인, 노인, 아동 등을 대상으로 하고, 주로 조세로 재정을 마련해 해당 대상자의 욕구에 근거해 보육, 장애인 활동 보조 서비스, 아동복지 서비스, 사회복지시설 서비스 등을 제공하고 있다. 장애인 복지, 노인복지, 아동복지, 가족 복지 등으로 불리는 제도들이 대표적인 사회 서비스 제도라 할 수 있다.

이 밖에 최근 기초연금, 아동 수당 등과 같은 사회 수당 제도가 있다. 사회 수당은 소득이나 재산 등의 자산 조사를 수반하지 않으며, 연령 등의 조건만 맞으면 해당 계층에게 지급하는 현금급여를 의미한다. 기본소득도 이런 사회 수당 관점에서 살펴볼 수 있다.

한국 사회보험제도의 발전 경로

한국에서 사회보험제도는 1964년 산재보험을 시작으로 1977년 의료보험, 1988년 국민연금, 1995년 고용보험, 그리고 2008년 노인장기요양보험 등의 순서로 도입되었다. 그러나 실질적인 전 국민 사회보장제도로서 역할을 하게 된 시점은 1990년대 후반으로 그 역사가 매우 짧다.

이런 사회보장제도 발전 과정을 두고 국가 복지 강화의 관점에서 봐야 한다는 이론에서 신자유주의 이념이 관철된 과정으로 해석해야 한다는 이론에 이르기까지 매우 다양한 견해가 제기되었다(김연명 2002). 국가 복지 강화론의 관점에서도 일련의 사회보장 발전 과정의 역사를 복지국가 확장기로 보는 시각부터 서구 복지국가 유형의 틀을 넘어 새로운 과제 중심으로 복지국가를 지향하려는 시도로 보는 시각까지 다양하게 존재한다(구인회 2008).

그러나 복지국가와 복지 제도는 분리해 고찰할 필요가 있다. 일부 복지 제도의 발전 수준 정도가 아니라 하나의 국가유형으로 복지국가를 규정할 때에는 무엇보다 생산 체제와 노동운동의 성숙 정도, 시장에 의존하지 않고서도 일상생활을 유지할 수 있는 정도인 탈상품화 수준까지 살펴볼 필요가 있다. 여러 측면에서 종합적으로 살펴보지 않고서 사회보장제도의 발전을 복지국가라는 논의 틀에서 이야기하기에는 어려움이 있다.

여기서는 논의의 수준을 좁혀 한국 사회보험제도의 현황과 문제점을 중심으로 풀어 가고자 한다.

비스마르크적 복지에 포섭되어 있는 사회보험제도

한국 사회는 해방 후 지금까지 선 성장, 후 분배라는 이념적 지형하에서 국가 복지를 최소화했으며, 복지는 저소득층 및 '사회적 낙오자'를 위해 존재하는 시혜적 조치로 인식되어 왔다. 이런 한국 사회복지의 저발전은 국민들에게 사회 안전망 역할을 가족이나 시장에 의존하게 만들었다.

가족에 의존한 복지는 우리 가족만 잘살면 된다는 가족이기주의로 연결될 수밖에 없으며, 사회연대 의식이 확장되기 어렵게 했다. 가족에 의존한 복지는 개인의 선의를 바탕으로 하기 때문에 이를 거부할 시 강제하기가 쉽지 않다. 게다가 노동시장 정책도 남성 부양자 모델 중심인 한국 사회에서 생계 부양자가 병에 걸리거나 일자리를 잃으면 가족 전체가 파탄 날 수밖에 없다. 따라서 가족에 의존한 복지는 안정적인 사회 안전망 역할을 할 수 없는 근본적 한계가 있다.

시장이 지배하는 경제구조하에서 복지의 의존은 크게 두 가지 경로가 있다. 첫 번째는 국가 복지 서비스가 부재하거나 부족해 개인 비용을 들여 해당 서비스를 시장에서 구입하는 경우로 대표적인 사례가 민간 보험이다. 2024년 보험 시장의 전망치를 보면, 수입 보험료 기준으로 253조 8000억 원 수준으로 분석되는데, 이는 2024년에 정부가 편성한 사회복지 분야 총지출 규모인 122조 4000억 원의 2배가 넘는 금액이다(조영현 2023).

민간 보험은 사회보험과 달리 강제 가입이나 사회연대성 원칙이 작동하지 않는다. 이런 원칙이 없는 민간 보험사들은 위험에 쉽게 노출되는 개인의 경우 이윤 창출에 방해가 되기에 가입을 거부한다. 저소득층 역시 보장성이 좋은 민간 보험은 보험료를 많이 부담하기에 가입하기 어렵다. 이런 이유로 민간 보험이 개인의 안전망 역할을 부분적으로는 할 수 있을지언정 사회 안전망 역할을 하기는 어렵다. 결국 지금처럼 민간 보험과 가족에게 의존해 사회적 위험에 대처하는 방식으로 빈곤의 악순환을 막기 어렵다.

두 번째는 국가 복지의 영역이긴 하나, 국가가 국민들에게 서비스를 직접 제공하는 것이 아니라, 국가 재정을 시장에 투여해 개인들이 시장에서 해당 복지 서비스를 구매하도록 만드는 경우이다. 이때 국가는 재정 투여와 민간에 대한 규제 등으로 역할을 제한한다. 대표적으로 노인장기요양보험, 건강보험, 사회 서비스 바우처 사업 등이 여기에 해당한다.

이런 방식의 국가 복지는 복지 공급자인 일부 기득권층의 이윤 창출 도구로 국가의 복지 재정이 쓰일 위험이 있다. 이윤 극대화를 위해 복지 서비스의 질은 낮아지고, 서비스 종사자의 노동환경이 더 열악해질 수 있으며, 이윤이 창출되지 않는 농어촌 지역은 복지가 공급되지 않고 대도시에 밀집되는 현상이 나타난다. 이런 제도 역시 지역 간 복지 격차를 줄이지 못할뿐더러 더욱 키운다. 이미 민간 공급이 대세인 보육, 장기요양, 의료 영역에서 수시로 지적되는 문제이다.

이런 한계로 말미암아 한국의 사회보험제도는 형식적 제도의 틀은 갖추어졌으나, 사각지대가 광범위하다. 한국의 사회보험은 주로 보험료를 낸 사람들만 대상으로 하기 때문에 보험료를 내기 어려운 사람들을 배제한다. 특히, 고용보험이나 산재보험 등의 사회보험은 사업장이 기본 단위이기에 심각한 소득 불안을 겪고 있는 영세 자영업자나 고용 경험이 없는 청년 실업자 등이 원천적으로 배제되고는 한다. 또한 낮은 소득, 불안정한 고용 형태로 말미암아 비정규직은 사회보험 적용 대상자임에도 불구하고 가입을 회피하기 쉽다. 이 밖에 제도에 포괄되지 않는 적용 제외 대상자 또한 광범위하다.

사회보험에서 배제되는 대표적인 계층은 비정규직이다. 통계청의 2023년 8월 경제활동인구조사의 근로 형태별 부가 조사 결과를 보면, 정규직의 국민연금 가입률은 88.0%, 건강보험은 94.3%, 고용보험은 91.9%인 반면, 비정규직의 국민연금 가입률은 38.4%, 건강보험은 52.6%, 고용보험은 54.2%로 정규직과 비정규직의 사회보험 가입률의 차이가 컸다. 10년 전과 비교해 보면, 건강보험과 고용보험의 비정규직 가입률은 조금 상승했으나, 국민연금은 거의 변화가 없었다. 비정규직 806만 6000명 중 500만 명 정도가 국민연금에 가입되어 있지 않고, 300만 명 정도가 건강보험과 고용보험에 가입되어 있지 않은 심각한 상황이다.

또한 2023년 6~8월의 월평균 임금을 보면, 정규직은 월평균 임금이 362만 3000원인 반면, 비정규직은 195만 7000원으로 정규직에 비해 54%에 불과하고, 퇴직금, 상여금, 유급 휴일 등 기업 복지의 혜택은 정규직에 비해 절반에도 미치지 못하는 상황이다. 심지어 이런 경향이 더 커지고 있다.

실업, 건강, 산재 등 갑작스러운 개인적·사회적 위기에 취약할 수밖에 없는 비정규직 노동자들은 낮은 소득과 불안정한 고용 형태로 말미암아 위기 상황에 대비한 여력이 크지 않다는 점에서 사회 안전망이 누구보다 필요하다. 그럼에도 불구하고 비정규직은 사회보험 가입률조차 정규직에 비해 현저히 떨어지고 있다. 이렇듯 한국 사회보험제도는 제도적 틀을 갖추기는 했으나, 실질적인 사회 안전망 역할을 담당하기에 매우 부족한 수준이다.

이 외에도 사회보험에는 수많은 적용 제외 대상자가 있다. 국민연금은 18세 이상 27세 미만인 자로서 학생이거나 군복무 등으로 소득이 없는 자, 〈국민기초생활 보장법〉에 의한 수급자, 지역 가입자 중 수급권자의 배우자 등은 강제 가입이 아닌 임의 가입이거나 가입 적용 제외자이다. 즉, 소득이 낮아 보험료를 납부할 수 없는 사람들은 원천적으로 배제된다. 또한 고용보험은 1인 이상의 피고용인을 고용하는 모든 사업장이라 하나, 사업의 규모 및 산업별 특성을 고려해 대통령령으로 정하는 사업은 적용이 제외되고 있다. 산재보험 역시 사업의 위험률과 규모 및 장소 등을 고려해 대통령령으로 정하는 사업은 적용이 제외된다.

고소득층이 저축, 연금 등 다양한 경로로 자신들의 생애 위험을 일상적으로 대비하는 것에 비해 저소득층은 노후를 포함해 실업, 산재의 위험을 대비하는 데에 취약할 수밖에 없다. 정부가 정말 빈곤의 악순환을 예방할 의지가 있다면, 사회보험의 광범위한 사각지대를 없애야 한다. 가령 보험료 장기 체납 가구의 적용을 배제하고 있는 조치를 철회할 필요가 있다.

2022년 기준으로 6개월 이상 건강보험료를 장기 체납한 생계형 체납 세대는 70만 8000세대로 보고되었다. 체납액으로 보면 9607억 원에 이르고 있고, 그 비중이 점차 증가하는 양상이다. 2023년 7월 기준으로 생계형 건강보험료 장기 체납 71만 세대 중에서 연 소득이 100만 원 이하인 세대가 75%를 차지하고 있고, 체납자 중 8만 2720명은 건강보험 급여 제한으로 건강보험 혜택을 받지 못하는 것으로 알려져 있다(전혜숙의원실 2023/10/27).

사회보험제도의 가장 결정적인 문제 중 하나가 보장성이다. 유럽 주요국들의 전체 의료비에서 정부 예산과 사회보험 등에 의한 공공 재원의 비중은 70~90% 수준인 반면, 2020년 한국의 공공 재원 비중은 59.8%에 불과한 것으로 나타났다. 한국보다 공공 재원의 비중이 떨어지는 국가는 OECD 국가 중 미국, 칠레, 멕시코에 불과하다.*

건강보험의 보장률은 2020년까지 지속적으로 증가했으나 문재인 케어를 통해 달성하고자 했던 70%에 이르지 못했고, 2021년은 오히려 보장률이 64.5%로 줄어들었다. 종합병원 이상에서 주로 이루어지는 중증 질환에 대한 보장률은 80% 이상으로 올라갔으나, 병원급 이하에서 이루어지고 있는 비급여에 대한 관리가 제대로 이루어지지 못하면서 보장률이 획기적으로 높아지지 못하고 있고, 급기야 보장률이 떨어지고 있다.

일부에서 OECD 국가들을 비롯한 선진 복지국가들의 복

---

* 스위스는 사회보험의 기능을 하는 의무보험 가입 비중의 포함 여부에 따라 공공 재원 비중의 차이가 존재해 제외했다.

지 지출도 하락했다는 주장이 있기도 하나, 1980년대 이후 오스트레일리아, 캐나다 등에서 약간 조정된 것을 제외하고는 꾸준히 복지 지출이 향상되어 왔고 대부분 20~30% 사이에 위치하고 있다. 통계청에 따르면, 2022년 한국의 공공 사회복지 지출 규모는 GDP(국내총생산) 대비 14.8%로 OECD 회원국 중 지출 규모가 큰 프랑스에 비해 절반 이하로 나타났다. 한국보다 공공 사회복지 지출이 적은 국가는 멕시코뿐이었다.

단순히 공공 사회복지 지출의 정도로 한국의 복지 수준 전반을 평가하기에는 어려울 수 있다. 그러나 지출 규모가 한 국가의 사회복지 방향성을 어느 정도는 보여 준다고 할 때, 한국 정부의 복지 확대 의지가 매우 낮은 편이라는 주장에 대해 반론할 여지는 별로 없다. 정부가 복지국가로 진입하고자 한다면, 공공 사회복지 지출 비중을 대폭 늘려야 한다.

정부의 낮은 복지 지출 수준과 함께 1차 분배 영역인 노동시장 정책도 문제가 심각하다. 현재 정부는 노동시장에서 비정규직 확산 등 노동시장 유연화 전략을 구사하고 있다. 취업 취약 계층들은 노동시장 진입 시 질 좋은 일자리에 취업하기보다는 저임금·비정규 일자리에 들어가기 십상으로, 결국 일을 해도 가난에서 벗어나지 못하는 노동 빈곤층이 대거 양산되게 마련이다.

결국 노동 빈곤층이 양산되면 납세 인구가 줄어들어 복지 확대에 필요한 재정을 축소할 우려가 있다. 게다가 이들은 또

다시 복지 지원 대상으로 전락할 수밖에 없는데, 현 정부의 복지 수준으로는 이들이 복지 지원 대상자임에도 불구하고 복지 사각지대에 놓일 공산이 매우 크며, 사회 갈등을 야기하게 된다. 이처럼 노동 빈곤층의 양산은 복지 확대에 필요한 재정을 축소하는 동시에 복지 서비스의 지원 대상이 되어 복지 지출이 증가하는 요인으로 작용하는 핵심 고리이기에 정부의 복지 재정 수급을 불안전하게 만든다. 정부 정책에서 복지 정책과 노동시장 정책이 함께 고려되지 않는 한 복지 정책만 확대해서는 사회 양극화 문제를 해결할 수 없다.

한국 의료보장 제도의 문제

한국의 가장 주요한 의료보장 제도는 전 국민을 대상으로 한 건강보험이다. 의료보장 제도는 크게 국민건강보험 방식National Health Insurance, NHI, 사회보험 방식Social Health Insurance, SHI, 국가보건서비스 방식National Health Service, NHS이 있는데, 우리나라는 국민건강보험 방식을 채택하고 있다.* 국민건강보험 방식은 사회연대성에 기반해 보험의 원리를 도입한 의료보장 체계로, 국가에 의해 설립된 1개의 보험자가 운영한다는 점에서

* 이하 국민건강보험공단 홈페이지에서 '건강보험제도의 유형'을 요약했다.

사회보험 방식과 차이가 있다. 대표적인 국가는 한국과 대만이다.

사회보험 방식은 의료보장에 대한 국가 책임을 기본으로 하되, 정부 기관이 아닌 보험자가 보험료로 재원을 마련하기에 정부에 대해 상대적으로 자율성을 가진 기구가 관리한다. 독일, 프랑스 등이 대표적인 국가이다.

국가보건서비스 방식은 국민의 의료 문제는 국가가 모두 책임져야 한다는 원칙 아래 정부가 일반 조세로 재원을 마련해 모든 국민에게 무상으로 의료를 제공하는 방식이다. 의료기관의 상당 부분이 사회화 내지 국유화되어 있으며, 영국, 스웨덴 등이 대표적인 국가이다.

한국의 건강보험은 '국민의 질병·부상에 대한 예방·진단·치료·재활과 출산·사망 및 건강증진'을 위해 국가가 실시하는 사회보험이다.* 앞서 살펴듯이, 전 국민이 적용 대상이며, 사회연대성 원리를 바탕으로 개인의 능력에 따라 보험료를 내지만 혜택은 동일하게 받기 때문에 누진적이진 않지만 결과적으로 소득재분배 효과가 생기는 사회보장제도이다. 주된 재원은 건강보험료이나 일부 국고 보조가 있으며, 의료 서비스 이용 시 개인이 내는 본인 부담금 또한 존재한다. 보건복지부 장관이 주관하며, 보건복지부 산하에 건강보험정책심의위원회

---

* 〈국민건강보험법〉 제1조 참조.

를 두어 요양급여 기준 및 비용, 보험료율 등 건강보험의 주요 사항을 심의·의결하는 구조이다.

건강보험의 보험자는 국민건강보험공단이다. 국민건강보험공단은 건강보험 가입자의 자격을 관리하고, 보험료를 부과 징수하는 역할을 담당하며, 요양기관에 비용을 지급한다. 건강보험심사평가원은 요양급여 비용의 심사와 적정성을 평가한다. 요양기관에서 건강보험심사평가원에 급여 비용을 청구하면 건강보험심사평가원에서 이를 심사해 국민건강보험공단에 결과를 통보하고, 국민건강보험공단은 심사를 통해 조정된 비용을 요양기관에 지급한다.

건강보험공단은 가입자에게 요양급여를 제공하는데, 질병, 부상, 출산 등에 대해 진찰·검사, 약제·치료 재료의 지급, 수술·치료, 예방·재활, 입원, 간호, 이송 서비스 등의 요양급여를 가입자에게 직접 제공하는 것이 아니라 요양기관을 통해 제공한다. 즉, 요양기관은 건강보험공단을 대신해 요양급여를 제공한 후 그 비용을 건강보험공단에 청구하고 건강보험공단은 심사평가원을 통해 청구가 잘되었는지를 심사·평가한 후 각 요양기관이 청구한 것에 대해 보상해 준다. 요양급여를 제공하는 요양기관은 〈의료법〉 및 〈약사법〉에 따라 개설된 의료기관과 약국, 보건소·보건의료원 및 보건지소, 보건진료소 등을 모두 포괄한다. 요양기관은 정당한 이유 없이 요양급여를 거부하지 못한다.

다음으로 공공 부조의 한 형태인 의료급여 제도를 들 수 있다. 의료급여는 빈곤층 대상의 의료보장으로, 공공 부조 제도이다. 의료급여는 건강보험에 가입하기 어려운 저소득층이 대상이기에 재원은 건강보험과 달리 조세로 충당되며, 지방자치단체가 주무 부서가 된다. 의료급여 수급권자는 〈국민기초생활 보장법〉에 규정된 수급자가 대표적이고, 그 외에 이재민, 18세 미만의 입양 아동, 독립 유공자 및 국가유공자, 노숙인 등이 있다.

보건복지부는 의료급여의 방법·절차·범위·상한 등 의료급여의 기준과 수가 등을 정하고, 지방자치단체는 의료급여에 관한 일상적 업무를 수행한다. 보건복지부 및 지방자치단체의 의료급여심의위원회가 의료급여 사업에 관한 사항을 심의한다. 의료급여는 건강보험에서 제공하는 요양급여와 동일한 내용의 서비스를 제공하지만, 본인 부담금에서 차이가 난다.

세 번째로 국가가 운영하는 산재보험 제도가 있다. 산재보험은 업무상 사고를 당하거나 질병 또는 장해가 발생한 경우 노동자에게 이를 보상해 주는 사회보장제도이다. 산재보험은 "근로자의 업무상의 재해를 신속하고 공정하게 보상하며, 재해근로자의 재활 및 사회 복귀를 촉진하기 위하여 이에 필요한 보험시설을 설치·운영하고, 재해 예방과 그 밖에 근로자의 복지 증진을 위한 사업을 시행하여 근로자 보호에 이바지하는 것을 목적"으로 운영된다.* 노동자를 사용하는 모든 사업 또는 사업장에 산재보험이 적용되지만, 위험률과 사업장의 규모 및 장소 등을 고려해 대통령령으로 정하는 사업에 대해서는 적용이 제외된다.

고용노동부 장관이 관장하며, 고용노동부 장관의 위탁을 받아 근로복지공단이 사업을 집행한다. 산재보험이 제공하는 급여는 요양급여, 휴업급여, 장해급여, 간병급여, 유족급여, 상병보상연금, 장의비, 직업재활급여 등으로 이루어진다. 업무상 재해에 따른 요양급여를 신청할 경우, 산재보험으로 인정되기 전에는 건강보험이나 의료급여를 우선 적용받을 수 있고, 업무상 재해로 인정될 경우 산재보험을 적용받는다. 산재보험 적용 의료기관은 근로복지공단에서 운영하는 의료기관(산재병원), 〈의료법〉에 따른 상급 종합병원, 인력·시설 등의 기준에 해당하는 의료기관 또는 보건소 중 근로복지공단이 지정한 의료기관 또는 보건소 등이 포함된다.

네 번째로 노인장기요양보험제도를 생각해 볼 수 있다. 노인장기요양보험은 고령이나 노인성 질병 등의 사유로 6개월 이상 일상생활을 혼자서 수행하기 어려운 노인 등에게 신체 활동 또는 가사 활동을 지원하는 사회보험제도이다. 노인장기요양보험의 가입자는 건강보험 가입자와 동일한 전 국민이나, 서비스가 제공되는 대상은 65세 이상의 노인 또는 65세

* 〈산업재해보상보험법〉 제1조 참조.

미만으로서 인지증(치매), 뇌혈관 질환 등 노인성 질병을 가진 사람 중에 지역별로 설치된 장기요양등급판정위원회에서 일정 등급 이상의 판정을 받은 사람으로 제한된다. 재원은 장기요양보험료로 충당되나 국가와 지방자치단체가 일부 부담하며, 급여를 이용할 시 본인 부담금이 있다.

노인장기요양서비스는 재가급여, 시설급여, 특별 현금급여로 나뉘지만, 노인 등이 가족과 함께 생활하면서 가정에서 요양을 받는 재가급여를 우선적으로 제공하는 것을 기본 원칙으로 하고 있다. 재가급여에는 방문 요양, 방문 목욕, 방문 간호, 주야간 보호, 단기 보호, 복지 용구 제공 및 대여가 있으며, 시설급여는 노인 의료 복지시설에 장기간 입소 시 제공된다. 특별 현금급여에는 가족 요양비, 특례 요양비, 요양병원 간병비가 있다.

노인장기요양보험의 보험자는 건강보험공단이다. 대상자가 서비스를 신청하면, 공단 직원이 「장기요양인정조사표」에 의해 대상자를 조사하고, 공단의 시군구 등급판정위원회가 이를 심의해 등급을 판정한다. 등급 판정 결과에 따라 서비스 제공 여부가 결정된다. 서비스 제공 기관은 〈노인복지법〉에 따른 복지 시설로, 지방자치단체장이 지정한 기관이다.

장애인과 노인을 대상으로 대상자 맞춤형 보건의료 서비스를 제공하는 제도도 존재한다. 이런 서비스는 주로 조세로 재원을 마련해 서비스를 제공하는데, 먼저 장애인 의료 건강

제도는 보건복지부에서 시행하는 사업으로 장애인 등록 진단비 지원, 장애 검사비 지원, 장애 아동 재활 치료 지원, 언어 발달 지원, 장애인 보조 기구 교부, 보장구 건강보험 급여 적용, 장애인 복지시설 치과 유닛 지원, 장애인 의료비 공제, 장애인 의료비 지원, 건강보험 가입자의 보험료 경감, 장애인 의료 재활 시설 운영, 장애 아동 의료 재활 시설 운영, 장애인 구강 진료 센터 운영, 134종의 희귀 난치성 질환자에게 법정 본인 부담금 지원 등이 있으며, 이 밖에도 지방자치단체별로 자체 사업으로 진행하는 장애인 의료 건강 제도가 있다.

노인 의료 건강 제도 역시 보건복지부에서 시행하는 제도로 불소 도포·스케일링 사업, 노인 의치(틀니) 사업, 노인 다빈도 질환 관리 체계 구축, 노인 운동 사업 활성화, 노인 실명 예방 관리, 노인 운동 문화 확산 및 전문 인력 확충, 농촌 건강 장수 마을 육성 등의 사업이 있으며, 지방자치단체별로 진행하는 노인 의료 건강 사업이 있다.

1) 가계의 위험을 방지하기 어려운 의료비 보장

한국에서 건강보험 제도가 도입된 이후 다른 나라들에 비해 취약한 보장성 문제를 해결하기 위해 많은 노력을 해왔다. 건강보험의 가장 큰 목적 중 하나는 의료비에 따른 가계의 경제적 위험을 줄이는 것이다. 그러나 고액 진료비가 발생하는 중증 질환 등으로 치료받으면 가계가 파탄 나는 일들은 여전히 없어지지 않고 있다. 그래서 한국의 건강보험 제도가 진료비 할인 제도에 불과하다는 비판도 있다.

그런 문제를 근본적으로 해결하겠다는 것이 문재인 케어였다. 문재인 정부는 2022년까지 일부 미용 목적의 비급여 항목을 제외하고 모든 의학적 필요가 있는 비급여 항목을 예비급여로 전환하고 단계적으로 급여화함으로써 건강보험 보장률을 70%까지 높여 병원비 걱정 없는 나라를 만들겠다는 목표를 제시했다.

그러나 문재인 케어 이후에도 목표한 보장성을 달성하지 못했다. 오히려 의료비가 가계 소득수준의 40%를 상회하는 재난적 의료비가 발생하는 가구의 비율이 증가했다. 물론 종합병원 이상의 보장률은 높아졌다는 점에서 병원급 이하의 비급여 및 민간 보험에 대한 비급여가 제대로 관리되지 않아 발생한 것으로 추정되지만, 어찌되었든 간에 국민의 부담이 획기적으로 줄어든 것으로 보이지는 않는다.

그런데 최근 윤석열 정부에서 건강보험 재정 건전성을 문제 삼으며 건강보험 보장성을 축소하려는 움직임이 감지되고 있다. 보장률이 떨어지면 당연히 가계 부담이 증가할 텐데, 안 그래도 비급여로 인한 가계 부담이 큰 상황에서 시민들의 우려가 커지고 있다.

그동안 건강보험 보장성 강화 방향은 비급여를 점차 축

소한다는 것이었다. 그러나 급여 대상 항목을 열거해 보장하는 포지티브 방식의 급여 구조를 바꾸지 않은 상황에서 비급여를 축소한다는 전략은 현실 속에서 작동하기 어려웠다. 이에 반해 문재인 케어는 네거티브 방식으로 급여 구조를 바꾸어 의학적으로 필요한 비급여를 완전히 해소하는 데에 두고 있다. 네거티브 방식이란 미용 목적의 성형처럼 건강보험에서 급여해 줄 수 없는 행위를 비급여로 분류하고 나머지는 모두 급여를 해주는 방식이다.*

앞서 살폈듯이 이를 위해 문재인 정부는 의학적으로 필요한 비급여 항목을 급여로 전환하거나 우선 예비 급여로 편입해 의학적으로 불필요한 비급여와 구분해 관리한다는 계획을 수립했다. 또한 이와 더불어 의학적으로 불필요한 비급여를 급여 진료와 병행하지 않도록 한다거나 민간 의료보험 영역을 의학적으로 불필요한 비급여에 초점을 맞출 수 있도록 관리하는 기전을 마련하겠다는 계획을 수립했다.

그러나 문재인 정부는 의학적으로 필요한 비급여를 예비 급여로 전환하려고 노력했으나, 도수 치료, 태반 주사 등 의학적으로 불필요한 비급여를 급여와 구분해 혼합 진료를 금지

---

* 행위 범위를 네거티브 방식으로 하더라도, 약품의 생산과 유통에 있어서 공적 규제력이 매우 취약하기에 네거티브 방식으로 모든 약제를 건강보험에서 보상해 주는 것은 불가능하다는 점에서 여전히 포지티브 방식을 유지할 필요가 있다.

하거나 이것에 준하는 조치 등을 통해 건강보험 보장성에 영향을 주지 않도록 하는 노력은 제대로 하지 못했다. 그 결과로 관리의 사각지대에 있는 병원급 이하 의료기관에서 보장성이 떨어지는 일이 발생했다.

건강보험의 법정 본인 부담금에 대해 민간 보험의 적용 대상에서 제외함으로써 민간 보험이 건강보험 급여에 영향을 주지 않도록 하는 제도적 장치도 마련해 불필요한 가계 부담을 줄일 필요가 있는데, 이 부분도 제대로 못 했다. 사실 건강보험의 급여 진료비 중에 본인이 부담하는 비율을 실손형 민간 의료보험에서 해주는 건 심각한 문제를 안고 있다. 실손형 민간 의료보험이 건강보험의 정책에 영향을 미칠 뿐만 아니라 실손형 민간 의료보험의 가입 유무에 따라 건강보험의 의료 이용에 차이가 난다는 점에서 차별을 구조화하고 불평등을 악화한다. 더욱이 노인은 실손형 민간 의료보험에 가입하기 어려워 정작 도움이 필요한 경우에는 도움이 안 되고, 의료기관에서 별로 필요하지 않은 의료 서비스를 과잉 제공하는 유인으로 작용함으로써 전체 보건의료의 비효율성을 증가시킨다.

의학적 필요가 있는 모든 비급여 항목을 예비 급여로 전환해 비용의 일부를 건강보험에서 부담하도록 함으로써 보장성을 높이겠다는 계획도 예비 급여를 본인 부담 상한 제도에 포함하지 않아 중증 질환으로 고액 진료비가 발생해 가계 파탄의 위험이 되는 상황은 막아 내지 못했다. 그래서 문재인 케어 이후에도 재난적 의료비가 발생하는 가계 비율이 줄어들지 않았던 것이다.

사실 고액 진료비로 인한 가계 부담을 줄이는 가장 중요한 제도를 하나 꼽으라 하면 본인 부담 상한 제도를 들 수 있다. 본인 부담 상한 제도는 진료비가 일정 금액 이상 발생해 미리 정해 둔 본인 부담금 상한을 초과하면 초과한 부분에 대해서는 모두 건강보험에서 보장해 주는 제도다. 이런 제도가 제대로만 작동한다면 가계 입장에서는 고액 진료비 발생에 따른 경제적 위험을 획기적으로 줄일 수 있다.

그런데 문재인 케어에서 예비 급여를 본인 부담 상한 제도 적용에서 제외했다. 이런 결정으로 말미암아 기존에 전액 본인이 부담했던 비급여 중 예비 급여로 분류된 행위나 재료 등은 본인이 일부만 부담하면 되기 때문에 부담이 줄어든 건 맞지만, 그런 예비 급여가 모이고 모여 큰 비용이 된 경우를 해결할 수단이 딱히 없었다. 과거보다 비용 부담이 조금 나아졌다고는 하나 한계치를 넘어선 재난적 의료비에 따른 경제적 위험을 막기란 역부족이었다.

진료실에서 의학적으로 필요하다는 의사의 말을 따르지 않을 환자는 많지 않다. 질병 앞에 모든 환자는 절대적으로 약자다. 이런 조건에서 예비 급여를 다른 비급여와 마찬가지로 환자가 선택할 영역으로 남겨 놓고 본인 부담 상한 제도에 포함하지 않는 것은 이치에 맞지 않은 결정이었다.

이 같은 건강보험의 문제는 산재보험에도 이어진다. 산재보험의 급여 구조가 건강보험을 따르기 때문이다. 일부 비급여의 경우 건강보험과 달리 추가로 급여 범위에 포함해 주는 경우가 있지만, 대부분은 건강보험을 준용하고 있어서 건강보험의 비급여 문제를 고스란히 공유하고 있다.

2) 진료비 지불 보상 체계

앞서 살폈듯이 현재 건강보험과 산재보험은 직접 서비스를 제공하는 것이 아니라, 의료기관이 서비스를 제공하고 그에 대해 의료기관이 건강보험공단과 근로복지공단에 진료비를 청구하면 행위별로 보상하는 방식을 택하고 있다. 공공 병원과 일부 질환의 입원 진료비는 포괄 수가제diagnosis related group, DRG에 근거한 포괄 보상을 해주고 있지만, 전체 진료비 보상 중 일부에 불과하다.

행위별 보상은 의료기관에 경쟁을 유도하는 경향이 매우 강한데, 특히 인구가 많고 구매력이 큰 대도시 등에 소재한 의료기관이나 규모가 큰 대형 병원에 유리한 방식이다. 수도권 및 대형 병원 쏠림 현상이 큰 이유는 이런 보상 방식과 무관하지 않다. 특히, 대도시에 자원이 집중되고 경쟁이 치열해지면서 신의료 기술 등을 포함해 행위량과 비급여를 증대하려는 경향이 훨씬 크다. 반면, 중소 병원이나 취약 지역의 경우 행위 자체가 발생하기 어렵기 때문에 건강보험 급여 범위 내에 있는 진료량을 증대하는 방법을 통해 생존을 모색하고 있다.

이렇듯 행위에 기반해 진료비에 대한 보상이 이루어지고 있기 때문에 필요한 곳에 서비스가 제공되기보다는 구매력이 큰 대도시에 자원이 집중되는 비효율성과 지역 간 불평등이 증가하게 된다.

행위별 보상이 의료의 질적 수준을 높이지 않느냐고 생각할 수 있다. 그렇지만 그런 주장은 절반만 사실이다. 의료의 질적 수준이 높다는 것은 빠른 진단을 가능케 하는 첨단 장비 등의 사용이 증가했다는 것을 의미하지, 실질적인 삶의 질을 반영한 건강상 이득이 커졌다는 것은 아니기 때문이다. 빠른 진단을 통해 건강상 이득이 커지려면 진단 기술이 향상된 만큼 수명 연장 등을 가져올 만큼 치료 기술이 향상되어야 하는데, 실제는 그렇지 않다. 진단만 빨라졌지 치료 기술은 크게 나아지지 않아 의학 기술의 발전에 따른 수명 연장 효과가 크지 않은 실정이다. 물론 일부 암 치료 등 치료 기술이 획기적으로 발전한 분야가 있지만, 전반적인 건강상 이득은 크지 않다. 현재 평균수명이 길어진 것은 의학 기술의 발전보다는 공중보건의 향상과 소득수준을 포함한 전반적인 삶의 조건이 향상되었기 때문이라고 할 수 있다. 그 결과 진단 장비가 주도한 고가 장비 확대로 말미암아 의료비가 빠르게 증가하고 있지만, 의료 기술의 발전에 의한 수명 연장은 정체되어 있기에 OECD 국가에서는 이런 비효율적인 의료 기술의 무분별한 확대를 규제하고 의료비를 적정 수준으로 유지하기 위해 다양한 정책적 노력을 기울이고 있다.

이처럼 건강상의 이득 증가를 보여 주는 증거는 없는 반면 의료비의 폭증과 같은 부정적 현상은 증가하고 있어서 이런 문제로 심각한 사회적 위기가 초래되리라는 우려가 커지고 있다. 현재의 진료비 지불 보상 체계가 이와 무관하지 않다는 점에서 전면적인 제도 개혁의 요구 또한 커지고 있다.

현행 행위별 보상 체계는 의료기관 간 협력과 연계보다 경쟁과 갈등을 증가시켜 의료의 지속성과 연속성을 훼손한다. 첨단 장비 사용이 늘어나 성과가 좋은 것처럼 보이지만, 중장기적으로 의료의 성과를 나쁘게 만들 가능성이 크다. 산재 환자는 급성기 치료와 더불어 재활 치료가 병행되고 직업 복귀를 위한 서비스가 연속적이면서 지속적으로 이루어져야 하는데, 현재의 행위별 보상 체계로는 진료의 연속성을 보장받기 어렵다. 행위별 보상 체계의 문제를 보완할 수 있는 사람 또는 사례 기반의 보상 방식이나 질 향상의 결과를 반영할 수 있는 총액 기반의 대안적인 지불 보상 방식이 도입될 필요가 있다.

현재 민간 의료기관의 공공성이 취약하고 일부 국립대학

교 병원을 제외하면 상당수 공공 병원의 진료 역량이 취약한 상황이다. 지역 단위로 여러 의료기관이 서로 연계하고 협력하는 대신 환자를 두고 서로 경쟁하는 환경에 노출되어 있어서 진료의 연속성과 지속성이 최악일 수밖에 없다. 협력보다 경쟁이 우선하는, 공공성이 취약한 공급 체계하에서 행위별 보상 체계는 이런 경향을 더 강화하고 진료의 연속성과 지속성을 불가능하게 만든다.

우리를 포함해 서구의 모든 의학 교과서와 공중보건 교과서는 환자 중심, 지역사회 중심을 핵심적 가치로 내세운다. 이런 원칙이 작동하는 방식으로 의료 체계를 재구축할 필요성과 당위성이 있다. 그러나 앞서 살펴본 바와 같이 우리의 의료 체계는 이런 환자 중심성과 완전히 거리가 멀다. 환자를 중심에 놓고 생각한다면, 의료기관이 환자를 뺏고 뺏기는 싸움을 할 것이 아니라 지속적이고 포괄적인 서비스가 제공될 수 있도록 연계와 협력을 강화해야 한다. 그리고 그런 연계와 협력이 이루어지는 방향으로 진료비 지불 보상 체계가 작동해야 한다. 지금과 같은 상황이 지속되는 한 한국의 의료 체계에서 환자를 중심에 놓고 지역사회 자원이 최적화된 방식으로 연계되는 것을 상상하기란 불가능에 가깝다.

이런 제도하에서 개별 의료기관의 치료 성과는 좋을지 모르지만, 의료기관을 벗어나면 상황이 달라진다. 환자 혼자서 감당해야 하는 일들이 대부분이고 의료기관 간에 진료가 연계되지 않아 직장과 사회의 복귀라는 최종 목적을 달성하기가 어렵다. 그리고 그 한가운데에 노동자가 위치해 있다. 의료 전달 체계 또는 서비스 공급 체계의 공공성을 강화하기 위한 근본적인 체계 개편을 이루기는 쉽지 않을 것이다. 많은 투자와 총체적인 제도 개혁이 필요하다. 그렇지만 건강보험과 산재보험의 진료비 지불 보상 체계를 공공적 방향으로 개편하는 것은 당장이라도 가능하다. 건강보험 재정이나 정부 예산을 절감하는 측면에서도 유리하다는 점에서 정부의 정책적 의지만 있다면 추가적 비용을 투입하지 않더라도 조기에 정책을 도입할 수 있다.

물론 지불 보상 방식을 바꾸면 의료 공급자들의 수입에 직접적인 영향을 미치기 때문에 의료 공급자를 설득할 일이 남아 있고 이것이 가장 어려운 일일지 모른다. 그렇지만 모든 교과서에서 환자 중심 의료를 실현해야 한다고 주장하는 마당에 그리고 정부가 존재하는 이유가 어디에 있는지를 생각해 본다면 주저할 일이 아니다. 충분히 오랫동안 논의를 거듭해 왔고 국민적 공감대가 형성되어 있다. 이제 결단이 필요한 시기다.

3) 공적 규제력

앞서 살펴본 바와 같이 현재의 진료비 지불 보상 체계는 진료의 지속성과 연속성, 그리고 의료의 질에 부정적이라서 제도 개혁이 필요하다. 그렇지만 진료비 지불 보상 체계 개혁만으로 의료의 질을 포함한 한국의 의료 체계가 안고 있는 많은 문제를 감당하기 쉽지 않다. 그렇다고 해서 당장 공적인 자원 투입을 강화해 공급 체계를 공공적으로 개편하는 것도 여의치 않고 일정 시간이 필요하다. 현재 갖고 있는 자원과 조직을 활용해 해법을 찾는 노력이 병행되어야 한다.

건강보험과 산재보험이 가진 공적 재원을 이용해 의료기관의 공적 기능을 강화하는 것이 좋은 방법일 수 있다. 이를 통해 공급 체계에서 공적 규제력을 확보해야 한다. 지금까지 우리는 공적 재원을 통해 공급 체계에 대한 공적 규제력을 높이려는 시도를 하지 못했다. 그러다 보니 건강보험과 산재보험에 그런 기능이 전무하다시피 하다.

노무현 정부 때에 의료 영리화 경향이 강화되면서 민간보험이 건강보험을 대체하려는 의도에 대해 비판적 흐름이 만들어졌고, 그 과정에서 어떤 의료기관도 건강보험의 적용을 받지 않는 경우를 허용해서는 안 된다는 여론이 형성되었다(『경향신문』 2008/07/22). 산재보험도 적용 기관을 확대해 산재 환자의 접근성을 개선해야 한다는 흐름이 형성되었다(〈메디칼타임즈〉 2006/12/14). 이것이 바로 요양기관의 당연 지정 제도인데, 이런 제도가 정착되는 과정에서 건강보험과 산재보험이 공급 체계에 대한 공적 규제력을 발휘하지 못하는 이유로 작용하기도 했다. 모든 의료기관을 건강보험과 산재보험 환자를 치료해야 하는 기관으로 지정하게 되면, 보험자 입장에서 보험 가입자인 국민 또는 환자에게 적절한 서비스를 제공하지 못하는 의료기관에 대해 지정 취소라는 강력한 정책 수단을 발휘하는 것이 불가능해진다. 그런 이유로 질 높은 기관에 인센티브를 부여하고 그렇지 못한 기관에 페널티를 부여하는 방식으로 가입자를 대신해 의료기관과 계약을 체결하는 것도 쉽지 않게 된다.

요양기관의 당연 지정 제도는 환자의 접근성을 높이고 의료 영리화 경향을 차단할 수 있다는 장점이 있는 매우 중요한 제도다. 그렇지만 그 과정에서 의료기관의 행위를 규제할 정책적 수단을 잃게 되는 결과도 발생한 것이다. 물론 자본 비용에 대한 공적 투입이 없이 민간에 의존해 왔던 공급 체계의 문제가 구조적 문제라고 할 수 있지만, 요양기관의 당연 지정 제도가 반드시 긍정적이기만 한 것은 아니다.

앞서 살폈듯이 현재 한국의 의료 체계는 민간 의료기관이 절대다수이고 의료기관의 공공성이 취약하며 각 의료기관이 협력과 연계보다 경쟁을 우선하는 시장적 질서와 행위가 지배적인데, 이를 공적으로 규제할 수단이 마땅치 않다. 더욱이 행위별 수가 제도라는 진료비 지불 보상 체계를 유지하고 있어서 의료기관의 행위를 바람직한 방향으로 유도할 정책적 수단이 거의 없다고 해도 지나치지 않다. 갈수록 규제력이 약해지고 있는 〈의료법〉 기반의 행정적 규제만으로는 공공성을 유지하기 힘들다 보니 의료기관에서 공공성을 발휘해 달라고 읍소할 수밖에 없는 상황이 발생하고 있다. 급기야 도덕적 책무성을 강조하는 것으로 자신의 소임을 다했다고 여기는 정부 관계자의 태도도 보인다.

정부가 그런 태도로 일관하면서 공급 체계에 대한 공적 규제력이 매우 취약해졌는데, 그런 취약성이 여실히 드러난 사건이 코로나19 사태였다. 당장 수많은 감염자가 속출하고 있는데, 초기 의료기관은 코로나19 병상을 준비하는 데 소극적이었고, 정부는 행정명령을 내리기조차 주저했다. 최근 이슈로 등장하고 있는 필수의료 인력의 부족, 지역의 의료 공동화空洞化 현상, 의료인이 아닌 개인이 불법적으로 개설·운영하는 사무장 병원의 난립 등을 통해서도 공급 체계의 취약성을 확인할 수 있다.

사회보험 방식의 의료보장 체계를 운영하고 있는 서구 복지국가는 오래전부터 의료보장에서 구매 기능을 강화하고 있는데, 이를 통해 의료기관의 행동이 의료보장 제도가 지향하는 방향으로 움직일 수 있도록 하고 있다. 서구는 의료기관 또는 의료인 연합 조직과 계약을 통해 가입자인 환자의 전인적인 진료를 강화하고 사회적으로 바람직한 결과에 이를 수 있도록 다방면의 노력을 기울이고 있다. 단지 행위별 수가 계약에 끝나는 것이 아니라 기관별·지역별 성과 및 가치에 기반한 지불 방식을 계약하거나 의료기관 및 의료인의 퇴출에 영향을 미치는 계약에 이르기까지 가입자인 국민과 환자의 관점을 좀 더 반영해 구매 기능을 적극적으로 실현하고 있다.

물론 한국은 민간 보험 시장이 매우 크게 자리 잡았고, 민간 의료기관의 영리적 성향이 공적 의료보장을 언제든지 무력화할 만큼 강하다는 점에서 당연 지정 제도를 폐기하고 적극적 구매 기능을 행사하기가 쉽지 않다. 환자에게 사회적 입원을 유도하고 적정한 의료의 질을 보장하지 못하는 전국의 사무장 병원에서 건강보험 진료를 할 수 없게 한다면 이 병원들은 존립 자체가 불가능해지며 인력 부족의 압박도 줄일 수 있는 장점이 존재한다. 그렇지만 민간 보험 시장이 팽창하는 가운데 민간 의료기관의 이탈 규모가 커질 수 있는 위험 또한 크다는 점에서 쉽게 결정할 수 있는 제도 개혁은 아닐 것이다. 산재보험도 재원 및 환자의 규모가 크지 않아 보험자가 의료기관을 상대로 구매력을 행사할 만한 물리적 기반이 취약하기에 산재보험 입장에서 공급 체계의 공공성 강화에 영향을 미칠 만한 실효성도 크지 않을 수 있다.

따라서 당연 지정 제도의 단점을 보완할 만한 적극적인 대안을 모색해야 한다. 건강보험 및 산재보험이 갖고 있는 공적 재원의 힘을 적극 활용해 의료기관의 공공성을 강화할 방안이 필요하다. 공적 규제에 관한 별다른 정책적·제도적 틀을 갖추고 있지 않은 현 상황에서 가입자인 국민과 노동자의 이해를 실현하기 위해 정부가 추진할 수 있는 유일한 정책 수단이 건강보험과 산재보험의 재원일지 모르기 때문이다. 〈의료법〉 등을 비롯한 법적·제도적 규제력이 크지 않고, 진료비 지불 보상 제도를 개편해 공적 규제력을 높이기 어려운 상황이라면 공적 재원의 힘에 기반한 수가 계약을 통해 의료기관에 대한 공공적 규제력을 확보하는 건 정부의 당연한 선택지이다. 물론 어느 한 방식만으로는 불가능하고 앞서 이야기한 모든 정책 수단이 같이 활용되어야 힘을 발휘할 수 있음은 두말할 필요가 없을 것이다.

이런 정책 수단 없이 환자 중심의 의료를 하겠다는 정부의 발표는 모두 정치적 수사에 불과하다. 의료의 공공성 강화와 관련한 중요한 정책을 의료기관과 의료인의 사회적 책무성에 맡기겠다고 말하는 것과 다름없다는 점에서 무능하기까지 하다. 언제까지 의료계의 눈치만 보고 끌려 다닐 것인가?

4) 공공성이 취약한 공급 체계

해방 이후 결핵 등과 같은 일부 공중보건 영역을 제외하면 대다수 의료 서비스는 시장을 통해 공급되었다. 1989년 전 국민 의료보험의 등장과 건강보험 통합 등을 거치면서 의료 서비스를 공급하는 데 필요한 재원의 상당 부분을 공공 부문에서 조달하게 되었으나, 여전히 의료 서비스의 80~90%는 시장 기전을 통해 공급되고 있다(김창엽 2019). 병상 기준으로 공공 병원의 비중이 10% 내외에 불과하다는 사실이 이를 간접적으로 보여 준다. 공공 부문에 대한 정부 투자가 이루어지지 않았기 때문에 주로 공공성이 취약한 민간 기관에 의해 서비스가 공급되어 온 것이다.

그 결과 수익성 측면에서 예방보다는 치료가 강조되고, 일차 의료기관보다는 상급 종합병원이 주도하는 서비스 공급이 주를 이루게 되었다. 서비스의 연계와 조정보다는 경쟁이 일상화된 공급 체계를 갖추게 되었고, 그 결과로 많은 부정적 현상이 발생했다(임준 2019). 한국의 고가 의료 장비 보유는 이미 세계 최고 수준을 달성했다. 급성기 병상을 포함한 병상 역시 OECD 국가 중 일본 다음으로 높고, 유일하게 한국만 증가하고 있다. 병상 증가는 대형 병원에 국한된 현상이 아니다. 오히려 소규모 병원의 병상 증가가 더 빠르게 일어나고 있다. 소규모 병원의 병상 증가는 의원과 병원의 기능 재정립을 어렵게 만들고, 의료기관에 대한 적정 수가 책정도 까다로워진다. 적정 병상 규모 병원의 서비스 생산 비용을 기준으로 수가를 책정하기 때문에 규모가 작은 병원의 손실은 불가피하기 마련이고, 소규모 병원이 비정상적인 방식으로 진료 강도를 강화하는 기제로 작동한다. 더욱이 의료 취약지에는 역량을 갖춘 종합병원이 없고 소규모 병원만 분포하고 있어서 중등도 이상의 필수의료 서비스를 제공하지 못하는 실정이다.

김창엽 교수는 이런 공급 체계를 사익 추구적 공급 체계로 명명하고 있는데, 사익 추구적 공급 체계는 행위별 진료비 지불 보상 방식과 결합해 시장을 통한 의료기관 간 경쟁을 훨씬 더 강화하고 있다(김창엽 2019). 앞서 살펴본 바와 같이 수요가 많은 수도권에 상급 병상이 집중되는 현상도 이와 무관하지 않다. 의사와 간호사 등 보건의료 인력 역시 수도권에 집중되어 있어서 인력 분포의 불균형이 심각한 상황이다(〈국가통계포털〉 2024).

의료 전달 체계도 제대로 작동하지 않아서 의원과 병원이 협력하는 대신 경쟁하고 있는데, 이런 의료 환경에서 이루어지는 환자의 선택이 효율성과 의료의 질을 떨어뜨리는 방향으로 작동하고 있다. 의료기관 역시 법률적으로 〈의료법〉 등 규제의 틀 안에 있지만 실질적인 규제가 작동하지 않고 있기에 시장에서 영리를 추구하는 공급자의 행태를 취하고 있다. 이처럼 공급 체계의 사익 추구적 성격이 강해 수술, 검사, 약품 등이 적정 수준 이상으로 사용되고 있는 실정이다(김명희 등 2010).

서비스의 연계와 조정보다 경쟁이 지배하는 상황에서 불필요한 의료 서비스가 과잉 공급되고 결국 의료비를 상승시킨다. 더욱이 건강보험의 취약한 보장성과 행위별 진료비 지불 보상 방식, 그리고 공적 규제력이 취약한 제도적 환경과 결합해 자원 배분의 비효율성이 커지고 의료비 증가가 가속화된다.

또한 사익 추구적 공급 체계는 필연적으로 건강 불평등을 유발한다. 보건의료 서비스가 시장 논리에 따라 공급되면, 농촌 지역처럼 구매력이 적은 지역은 의료 서비스가 필요한 수준에 훨씬 못 미쳐 공급될 가능성이 크다. 특히 생명과 안전에 직결된 필수의료 분야의 서비스가 과소 공급된다면, 건강 불평등도 커질 수밖에 없다.

서구 복지국가들은 급성기 병원(대학병원, 종합병원 등)의 병상 규모가 다르더라도 필수의료 서비스에 투입되는 인력의 질과 양에서 차이가 크지 않다(김명희 등 2010). 하지만 한국은 다르다. 특히 농어촌 지역은 고령화에 따른 의료 서비스가 훨씬 더 필요함에도 인구가 적어 구매력이 낮다. 이런 이유로 제대로 된 민간 종합병원이 공급되지 못하고 규모가 작은 병원만 공급되고 있다. 그나마도 인력이 과소 공급되어 서비스의 질이 저하되는 문제가 생기고 결과적으로 지역 간 건강 불평등이 발생하고 있다.

물론 보건의료 문제가 해결된다고 해서 건강 불평등 문제가 완전히 해결되지는 않는다. 보건의료 서비스의 접근성이 해소되더라도 사회경제적 위치가 다르면 건강 수준도 차이가 난다. 국내 건강 불평등 연구에서도 직업·교육·소득수준으로 측정한 사회경제적 위치가 낮을수록 사망 수준이 높다는 연구 결과를 일관되게 보고하고 있다. 특히, 손상 등 회피 가능한 사망일수록 이런 사회경제적 불평등의 연관성이 더욱 분명한 것으로 알려져 있다(Song and Byeon 2000). 응급, 심뇌혈관 질환, 외상, 중환자 등 골든 타임 내에 적절한 치료가 매우 중요한 필수의료에 접근할 권리는 사회 구성원이라면 누구나 누려야 할 보편적 권리라는 점에서 이런 필수의료 서비스의 공급 차이 때문에 발생하는 건강 불평등은 반드시 해소되어야 한다.

사회경제 구조 및 인구구조의 변화에 따라 보건의료 체계를 개혁하자는 요구가 커지고 있음에도 여전히 한국 사회는 사익 추구적 공급 체계를 공고히 하고 있다. 그 결과 의료비 증가뿐만 아니라 지역 불평등이 심화되고 있다. 지역 간 불평등의 증가에 따른 갈등은 의료비를 주로 사용하는 노인 세대와 건강보험료 등 의료비를 주로 부담하는 젊은 세대 간의 갈등으로 확대되고 있다. 의료비 증가 속도를 볼 때 향후 우리 사회가 이를 감당할 만한지, 사회경제의 지속 가능성이 보장될 수 있는지 격정될 정도다. 사익 추구적 공급 체계의 근저에 작용하고 있는 민간 의료보험과 제약製藥 자본, 그리고 수도권 대형 병원의 주도성은 이런 한국 사회경제의 불안정성을 심화하는 요인으로 작용할 수밖에 없다.

2장에서 살펴보았듯이 인구 사회구조가 제약하는 조건 속에서 총 자본은 의료비 상승으로 인한 노동자 재생산 비용을 줄이기 위해 비의사 직군의 임금을 통제함으로써 의료 부문의 노동비용을 줄이고 미숙련 여성 노동, 비수도권 노동, 사적 돌봄 노동 등에 노동비용을 전가해 의료비 상승을 억제하고 있다. 그런데 수도권 대형 병원 주도의 과잉투자, 과잉 진료 등으로 말미암아 의료비 상승 압박이 커지면서 이런 경향이 훨씬 더 커지고 있다. 그 결과 농어촌 지역은 수요에 비해 간호사 인력이 턱없이 부족한데도 간호사 임금은 대도시에 비해 훨씬 낮아 인력 부족 문제를 심화하고 있고, 대도시와 농어촌의 의료 인력 격차가 커지고 있으며, 인력 측면에서도 취약한 계층과 지역의 공동화 현상이 커지고 있다.

코로나19 시기에 확인되었듯이 공중보건 위기에 무력한 기존 시스템에 대한 불안감도 커지고 있다. 건강 불평등이 커지는 상황에서 공공 의료의 취약성이 사회적 핵심 의제로 등장하고 있다. 이제 사익 추구적 공급 체계를 전면적으로 개편하자는 주장이 당연시되고 있다. 치료 중심의 사익 추구적 공급 체계로는 인구 고령화에 따른 만성질환의 증가와 사회적 돌봄의 필요성 증가에 대응하기 어렵다는 점에서도 새로운 변화를 갈망하는 움직임이 꿈틀대고 있다.

산재보험을 보편적인
노동자 의료보장 체계로

6장

지금까지 수많은 노동자가 불안전하고 불건강한 노동환경에 노출되어 결국 건강을 잃게 되는 구조적 문제를 살펴보았다. 또한 이를 예방해야 할 산업안전보건 체계가 과거의 유산에 갇힌 채 제대로 기능하지 못하고 있다는 점도 살펴보았다. 그렇다면 최소한 이런 불건강한 환경 탓에 발생한 직업 관련 손상이나 질병으로 고통받는 환자에 대해서만큼은 제대로 된 치료와 재활 서비스를 제공하고 있을까? 그들은 가족, 직장, 사회에 건강한 모습으로 복귀하고 있을까?

산재 노동자의 보장성 수준을 둘러싼 공방

현재 산재보험에서 제공하는 치료비, 즉 요양급여의 범위는 건강보험에 준해 이루어진다. 다른 점은 건강보험의 경우 요양급여 범위 내에 있는 모든 치료비를 보장하지 않고, 치료비 가운데 일부를 본인이 부담하는 반면, 산재보험의 경우는 본인이 부담하지 않는다는 데에 있다. 그래서 일반적으로 산재보험을 적용받으면 치료비를 내지 않아도 된다고 착각하는 경우가 많다. 그러나 실제로 산재보험의 요양급여 범위는 건강보험의 기준을 적용받기 때문에 요양급여 범위를 벗어나는 고가의 시술이나 검사 등은 산재 노동자가 직접 치료비를 마련해야 한다.

산재보험 전체 진료비 가운데 비급여 비율은, 2018년 기준 5.5%로, 동일한 방식으로 수행한 2012년 조사 결과와 비교하면 3.1%포인트 개선된 것으로 나타났다. 입원의 비급여 비율은 5.8%였고, 외래는 9.8%로 입원보다 외래의 본인 부담 비율이 높았고, 의료기관 종별로 살펴보면, 병원급이 6.6%로 가장 높았다. 이런 조사 결과만 보면, 산재보험의 보장률이 커보여도, 면밀히 살펴보면 그렇지 않다.

대다수 산재 환자의 초기 치료는 건강보험으로 먼저 치료가 이루어진 후 산재보험에서 보상하게 되는데, 건강보험의 적용을 받을 때에 건강보험에서 인정하지 않는 비급여를 산재보험에서 보장해 주지 않는 경향이 크기 때문에 산재보험의 비급여 비율이 매우 높다. 2015년 근로복지공단에서 수행한 산재보험 비급여 진료비 실태 조사를 보면, 전체 산재보험의 비급여 비율과 달리 비급여 진료가 집중적으로 이루어지는 입원 초기의 산재보험의 비급여 비율이 32.5%에 이르고 있었고, 2017년엔 줄어들었지만 여전히 18.7%에 이르는 것으로 조사되었다(여나금 2019).

물론 건강보험의 일부 비급여 항목은 산재보험에서 보장

받는 경우가 많다. 최근 들어 근로복지공단에서 개별 요양급여 제도 등을 통해, 비급여가 많이 발생할 수밖에 없는 산재로 말미암아 발생하는 비급여 부담을 줄이고 있다. 또한 화상의 경우 전문 치료 기관을 지정해 치료비 부담을 줄이기 위해 노력하고 있다(고용노동부 2018/03/06). 그렇지만 치료비가 많이 발생하는 요양 초기에 치료비 가운데 평균적으로 10~20%의 본인 부담이 있고, 이런 치료비는 산재 노동자의 가계에 큰 부담으로 작용하고 있다.

치료비 부담뿐만 아니라 산재보험에서 소득 보전 차원으로 제공하는 휴업급여조차 평균 보수 월액으로 평가되는 임금의 70%만 제공하기에 산재 노동자들은 산업재해를 당한 이후 실질소득이 대폭 줄어든다. 그 결과 빈곤 계층으로 떨어지는 경우도 빈번하다. 특히, 소규모 사업장의 저임금 노동자들은 대부분 맞벌이인 경우가 많은데, 배우자가 간병 등의 이유로 소득 활동을 하기 어려워지면 가계의 실질임금이 줄어드는 사태에 직면한다. 대부분의 중소 사업장은 노동조합이 있는 대기업과 달리 단체협약에서 산재 이후 휴업급여와 임금의 차이에 따른 소득 보전을 규정하지 않기 때문에 산재에 따른 가계소득의 급감을 막기 어렵다.

물론 스웨덴 등 북유럽 복지국가를 제외하면 서구 복지국가들 중에서 영국, 프랑스 등은 산재보험의 휴업급여에 해당하는 상병수당의 보장성 수준이 그렇게 높지 않다. 그렇지만

그림 6-1   중위 수준 국가의 산재 휴업급여 비교(단위: %)

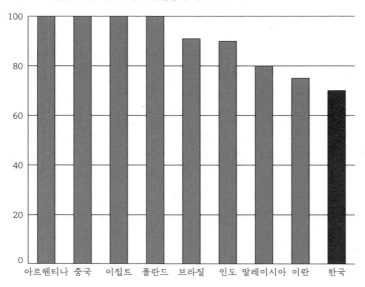

주: 그래프 수치는 임금(평균 보수 월액) 대비 휴업급여의 비율을 가리킨다.
자료: 국제사회보장협회(International Social Security Association), 2024.2.19.

이 국가들은 평균임금 수준이 높고 국가와 지방자치단체 등에서 별도로 제공되는 장해급여 등 부가 급여가 다양하기에 산재에 따른 실질소득의 감소가 크지 않다. 즉, 산재로 말미암아 경제적 곤란함을 겪거나 빈곤층으로 전락하는 경우가 없다고 해도 무방하다. 반면 1인당 GDP 수준이 한국보다 낮은 중위 수준의 국가들의 경우에는 대부분 휴업급여 수준이 한국보다 높다.

지금 당장이라도 임금수준이 낮은 저소득 임금노동자의 경우는 휴업급여를 평균 보수 월액의 100% 수준으로 올려야 산재 전후 노동자의 삶의 질이 급격하게 떨어지는 일을 막을 수 있다. 그렇게 해도 빈곤 상황에 계속 시달릴 가능성이 큰데, 최소한 이 정도는 먼저 보장해야 근로'복지'공단이라는 말이 무색하지 않을 듯하다. 가구의 생계를 책임지는 저임금 산재 노동자에게 도덕적 해이 때문에 휴업급여를 평균임금의 70%만 지급한다는 것이 온당한가? 아주 고액의 임금을 받는다면 휴업급여액의 상한을 설정하는 방안에 대해 생각해 볼 수 있으나, 산재 전후 삶의 질에 차이가 없어야 한다는 원칙하에 100%를 지급하는 것이 타당하다.

현행 산재보험은 치료가 완전히 종결된 후 장해 등급 판정에 기초해 장애로 인한 소득 손실을 보상해 주고 있다. 그러나 이런 장해급여 역시 장해 등급 판정 기준이 현실에 맞지 않는 경우가 많다. 직장을 얻기 어려울 정도로 중증 장애를 입은 노동자조차도 최저 생계를 꾸려 나가기 힘들 정도로 보상 수준이 낮아서 산재 노동자에게 이중의 고통을 안겨 주고 있다.

이렇게 산재보험의 낮은 보장성 문제는 산재 노동자가 적절한 서비스를 제공받고 직장 및 사회로 복귀하지 못하게 가로막는 주요한 원인으로 작용한다. 이 과정에서 개인의 고통은 말할 것 없이 심하거니와 막대한 사회적 비용이 초래되고 있다. 인권은 둘째 치더라도 기업들이 노동력이 없다고 아우성치는 마당에 이미 우리 사회의 부를 생산해 온 산재 노동자의 역량을 발휘할 수 있도록 기회의 창을 만드는 것은 경제 관료들이 부르짖는 경제적 효율성에도 부합하지 않을까?

모든 노동자가 산재보험의 혜택을 받을 수 있는가

산재보험으로 치료받는 노동자는 그나마 행복한 편에 속할지도 모른다. 앞에서도 다루었지만, 법률적으로 5인 미만 사업장까지 적용되는 것처럼 보이더라도 실제 산재보험을 적용받지 못하는 노동자가 많다. 소규모 음식점 등과 같이 비공식 부문에 종사하는 노동자들이나 동일한 산업재해 위험을 안고 있는 1인 사업장 또는 자영업자들도 산재보험을 적용받지 못하고 있다.

산재보험 적용 대상 사업장이더라도 모두 산재보험의 혜택을 받을 수 있는 것도 아니다. 산재보험은 건강보험과 달리 사업주의 자진 신고에 의해 산재보험 적용 사업장을 정하고 있고 보험료를 사업주에게 부과하고 있기에 전체 취업자 가운데 실제 적용 대상이 되는 노동자의 비율은 매우 낮다.

물론 사업주가 신고를 하지 않고 산재보험료를 내지 않았더라도 산재 노동자의 신청으로 적용받을 수 있다. 그러나 그 과정에서 사업주에게 산재보험료를 한꺼번에 납부하도록 한다거나 사전 예방보다 사후 약방문식의 행정처분을 하고 있기 때문에 사업주는 이런 불이익을 피하기 위해 산재를 은폐하는 경우가 많다. 특히, 비정규직 노동자나 특수 고용 노동자가 주로 이런 상황에 처하는데, 산재 적용 대상 사업장에서 일하고 있음에도 비정규직 노동자와 특수 고용 노동자만 산재보험에 가입해 주지 않는 사업주가 많다. 이런 상황에서 비정규직 노동자나 특수 고용 노동자가 직업 관련 손상이나 질병으로 치료받게 되면, 본인이 산재보험에 적용된다는 사실조차 몰라 신청하지 않거나 사업주가 산재보험 신청을 꺼리기 때문에 해고나 계약 해지 등을 당하지 않기 위해서라도 산재보험 신청을 하지 않는 경우가 많다. 이래저래 산재보험 적용에서 배제되기는 매한가지다.

누구나 산재보험 혜택을 받을 수 있는가: 여성 노동자의 경우

노동건강연대가 아름다운재단의 지원을 받아 2022년부터 시행하고 있는 '청년여성산재회복지원사업'에 지원금을 신청한 청년 여성 노동자들의 경우 다양한 직종에서 단기 계약직 노동을 지속하는 경우가 많았는데 사업주의 요구로 산재보험의 보호 대상이 되지 않는 프리랜서 계약을 하는 경우가 많아, 산재보험 제도에 편입되는 경우가 거의 없었다. 한 청년 여성의 경우 언론사 계약직 편집 기자, 와인숍 판매직, 마케팅 아르바이트,

---

단기 사무직, 유튜브 작가 등의 직업을 거치면서 손목 염증, 어깨 회전근 염증을 앓았지만 산재보험으로 치료받는 것은 생각할 수 없었다. 프리랜서 계약은 여성들이 많이 종사하는 서비스 직종, 문화 콘텐츠 창작 분야 등에서 성행하고 있고 여성들은 근골격계 질환을 많이 겪고 있지만 프리랜서가 산재보험의 보호 대상이 아닌 경우가 많고, 근골격계 직업병 판정은 제조업을 기준으로 하고 있기에 산재 신청 자체가 무의미한 실정이다. 일례로, 정부가 정한 근골격계 부담 작업은 '하루 2시간 4.5kg 이상의 물건을 한 손으로 들거나', '하루 10회 이상 25kg 이상의 물체를 드는 작업' 등을 포함하는데 이는 여성들이 종사하는 판매 서비스직, 돌봄 노동 등에는 적용하기가 어렵다.

청년 여성들은 산재는 제조업, 건설 분야에서 일하는 남성의 일로 여겨지고 높은 데서 떨어지거나, 골절당해 입원하는 정도가 되어야 가능하며 자신들의 노동 형태가 산재와 연관된다고 증명하거나 승인받기는 어려울 것이라고 말했다.

노동건강연대가 제기한 청년 여성 산재 문제를 다룬 『한겨레21』 1452호(2023년 3월 3일 발행)는 "20대 1인 가구의 상용직 비율은 남성이 여성보다 7.7%포인트 높은 반면 임시직에선 여성이 10.3%포인트 높다"(류유선, 「생존 경로로써 경력 단절」에서 인용한 통계청 '2018년 가계동향조사' 결과), "같은 학교, 학과, 학점을 받아도 경력 초기 노동시장에서 여성의 소득이 남성보다 17.4% 낮다"(김창환·오병돈, 「경력 단절 이전 여성은 차별받지 않는가?」, 2019년)는 연구 결과도 있다고 밝히면서 청년 여성이 신체적·정신적 건강 문제를 겪는 이유를 조명한 바 있다.

아픈 것도 서러운데, '넌 안 돼!'

이런 난관을 극복하고 산재보험의 요양급여 신청을 하면 모두 적용받을 수 있을까? 앞 장에서 다루었듯이 직업 관련 손상이나 질병으로 치료받은 노동자가 산업재해로 적용받기 위해서는 본인 또는 보호자가 산재보험 업무를 취급하고 있는 근로복지공단에 요양급여 신청을 해서 사전에 승인 절차를 밟아야 한다. 즉, 노동자가 치료받고 있는 손상이나 질병이 업무 때문에 발생했는지, 업무를 수행하는 중에 발생했는지를 따져 인과관계가 명확해야 산재로 인정하고 있다. 이처럼 사전 승인 절차가 있다는 사실과 업무 관련성에 대한 입증을 노동자가 직접 해야 한다는 점, 그리고 산업재해로 인정하는 기준이 매우 협소하다는 점 등 여러 이유로 산재보험의 적용을 받지 못하는 경우가 대다수다.

예를 들어 직업 관련 손상이나 질병이 발생해 치료와 요양이 필요하면 노동자는 병원 의사의 소견서 등이 포함된 요양 신청서를 작성하고, 재해 경위서 및 목격자 진술서 등 증빙서류를 함께 작성해 근로복지공단에 제출한 후 근로복지공단의 승인을 받아야만 산재보험의 혜택을 받을 가능성이 크다. 근로복지공단 지사는 요양 신청서가 접수되면 회사에 확인을 거쳐 업무 관련성에 대해 조사하고 필요에 따라 해당 자문 의사에게 업무 관련성에 대한 자문을 받은 후 최종적인 승인 여부를 결정한다.

이런 승인 과정이 직업 관련 손상처럼 인과관계가 명확하다면 1, 2주 안에 승인되지만, 직업 관련 질병의 경우는 업무 관련성에 대한 다툼이 커서 승인되지 않은 채 승인 과정만 한정 없이 길어진다. 그렇게 되면 실제 산재보험이 인정되기 전까지 치료비에서 실제 본인 부담 비율이 30~40%에 달하는 건강보험으로 치료받아야 한다. 만약 산재 신청이 불승인될 경우는 행정심판 절차를 밟든지 아니면 바로 행정소송에 들어가는데, 이런 과정이 최소한 6개월에서 1년까지 걸려 산재 노동자 본인과 가계에 심각한 여파를 끼친다.

직업 관련 손상이나 질병 중에 산재보험에서 인정하는 기준이 제한적이고 매우 엄격하다는 문제도 있다. 실제로 업무 관련성이 확실함에도 산재보험에서 인정되지 않아 적용받지 못하는 경우가 많다. 그 결과 산재보험의 혜택을 받아야 할 노동자가 건강보험으로 요양급여를 제공받거나 자기 부담으로 치료받는 경우가 발생하고 있다. 더욱이 건강보험의 급여 수준이 매우 낮고 산재 발생 후 재취업 및 온전한 사회 복귀가 불가능한 상황에서 직업 관련 질병의 인정 기준마저 낮다는 것은 노동자에게 심각한 사회경제적 위협이 될 수밖에 없다.

이처럼 현행 산재보험은 노동자들이 산재보험으로 치료 받고자 할 경우 손상이나 질병에 대해 직업 또는 업무와의 관련성을 입증할 것을 요구하고 있고, 근로복지공단에 의한 사전 승인 절차를 거치도록 하고 있으며, 인정 기준마저 엄격하게 제한하고 있다는 점에서 노동자의 권리를 보장하는 제도라 보기 어렵다. 오히려 노동자의 권리를 침해하는 제도가 아닌가 의심스러울 정도다. 이런 제도하에서는 산업재해 이후 긴급하고 적절한 치료 및 재활 서비스를 받아야 할 산재 노동자의 권리는 침해될 수밖에 없고, 결국 의료 이용에 제한이 생긴다.

게다가 사업주에게는 산재를 은폐할 기전으로 작동한다는 점에서도 큰 문제이다. 정부와 보험자인 근로복지공단 입장에서는 단기적으로 보험 재정을 아낄 수 있을지 모르지만, 산재보험이 노동자의 건강 안전망 기능을 제대로 하지 못함으로써 장기적으로는 사회 전체의 질병 부담을 증가시키고 보험 재정에 부정적 영향을 끼치는 요인으로 작용한다.

산재보험의 사각지대를 최소화하려면 산재보험의 인정 방식이 원인주의적 접근 방식에서 결과주의적 접근 방식으로 전환되어야 한다. 앞서 살펴본 바와 같이, 직업 관련 질병의 원인을 다른 일반적인 개인적 질병 요인으로부터 분리해내기 어려운 조건에서 원인주의에 기초해 산재보험의 수급 자격을 규정할 경우 산재보험이 소극적으로 인정되도록 구조화될 수밖에 없다.

본래 원인주의 접근 방식의 장점은 산재 노동자를 특별하게 보상할 수 있다는 점이다. 독일의 비스마르크가 사회보험을 도입할 당시에 다른 사회보험보다 산재보험의 급여가 노동자에게 더 유리한 방식으로 설계되었던 것도 그래서였다. 그러나 산업 기술이 자동화되고 발전하면서 산업재해의 구성도 그 원인이 명확한 사고로 인한 산재의 비중이 점차 줄어들고 있고, 직업 관련 질병 등과 같이 그 원인이 복합적인 산재의 비중이 점차 증가하고 있다. OECD 주요 국가에서 발생하는 산재의 모습이 그러하다. 이와 같은 산업재해에서 직업 관련 질병의 원인을 추적하는 것은 무의미하고 비효율적이다.

따라서 몇몇 OECD 국가들은 원인주의적 접근 방식의 장점에도 불구하고 손상과 질병의 원인이 직업 또는 업무 때문이든 아니든 관계없이 건강 문제로 인해 발생하는 의료비 부담이나 소득 상실 등을 동일하게 보호하는 결과주의적 접근 방식을 채택하는 경향이 커지고 있다. 더욱이 다른 사회보장 프로그램의 보장성이 강화되면서 이런 구분이 불필요해진 것도 한 요인이라 할 수 있다.

우리나라도 직업 관련 손상의 비중이 아직 절대적으로 높은 편이지만 점차적으로 줄어들고 있고 직업 관련 질병의 비중이 점차 증가하는 추세이다. 따라서 산재보험의 양태가 오래전부터 바뀌었던 서구 복지국가들의 경로를 밟을 필요가 있다. 즉, 원인주의적 접근 방식이 아닌 결과주의적 접근 방식으로 산재보험의 변화를 모색할 때가 되었다. 물론 다른 사회보험의 보장성 수준이 산재보험에 비해 낮기 때문에 당장 결과주의 접근을 모색하기가 쉽지 않겠지만, 향후 건강보험 및 다른 사회보장 급여의 보장성 수준이 높아질 가능성이 큰 만큼 결과주의적 접근 방식의 전환이 용이할 것이다.

산업재해의 원인을 정하려는 비과학적 태도

이처럼 노동자가 아파서 일을 할 수 없다는 결과에 강조점을 두는 것이 아니라 아프게 된 원인을 따지는 원인주의 관점은 과거 비스마르크 시대의 유산이다. 독일에서 처음 시작된 초창기 산재보험은 직업 관련 손상이나 질병을 배상할 책임이 있는 사업주의 부담을 줄일 방편으로 시작되었다. 공장에서 산재가 너무 많이 발생해 재판에 의한 민사상 배상으로 사업주의 부담이 매우 커지고 생산 차질이 발생하는 상황과 무관하지 않았다. 비스마르크는 이런 상황을 해소하고자 민사상 배상이 아니라 산재보험을 통한 보상 방식을 도입했던 것이다.

물론 노동자의 권리 구제라는 측면도 무시할 수 없겠지만,

사업주에 초점이 맞추어져 이루어졌음은 초기 산재보험의 성립 과정 및 제도적 틀이 증명한다. 이런 배경이 있기에 산재보험에 따른 사업 부담이 더 커지는 것을 방지하기 위해 직업 또는 업무 때문에 손상이나 질병이 발생했는지를 엄격하게 따진 것이다. 그리고 초창기는 거의 대부분 직업 또는 업무로 인한 손상이 지배적인 문제였기 때문에 업무 기인성의 문제가 심각한 사회문제로 대두되지 않았다.

이런 산재보험의 특성은 양차 세계대전 이후 근본적인 변화를 맞이한다. 노동자의 권리 의식이 성장했고, 이에 기반한 사회보험의 발전은 산재보험이 사업주의 책임을 경감하는 제도가 아니라 노동자가 건강하게 일터로 복귀할 수 있도록 노동자의 권리를 보장하는 산재보험 제도의 개혁으로 이어졌다. 그러면서 초기 사용자 배상 보험적 성격이 거의 사라진 것이다. 한국 역시 산재보험을 규정하는 법률의 제정 목적에서는 그런 정신을 제시하고 있다. 그렇지만 실제 내용은 여전히 비스마르크 시대에나 어울릴 엄격한 업무 기인성을 따지고 사업주의 부담을 줄이는 데에 강조점을 두고 있다.

그런데 이런 원인주의적 접근은 전통적인 직업 관련 손상과 달리 직업 관련 질병에 대해서는 매우 취약했다. 해당 질병이 개인의 생활 습관 및 다양한 직업적·사회적 환경과 조건에 오랜 기간 노출되어 발생한 만성질환이라는 점에서 원인주의적 접근은 현실에서 적용하기 어려웠기 때문이다. 비스마르크

242

시대의 산재는 대부분 사고를 당해 발생한 손상이어서 인과성을 따지기가 어렵지 않았지만, 여러 위험 요인과 환경, 그리고 노동자의 신체적·정신적 조건의 상호 작용에 의해 발생한 질병의 원인을 특정 작업 또는 직업 때문이라고 하는 것 자체가 불가능했다. 현대 의과학을 다루는 교과서에서 대다수 질병에 대한 원인을 어떤 한 요인으로 특정해 제시하는 경우를 거의 찾아볼 수 없는 것도 원인주의적 접근 방식이 얼마나 비과학적인 접근 방식인지를 알려 준다.

여러 위험 요인 및 환자의 노화와 면역 상태 등이 종합적으로 결합되어 나타나는 것이 질병이다. 따라서 개인 단위로 질병의 원인을 특정 작업이나 직업으로 정하는 것은 이제 타당하지 않다. 다만, 개인이 아닌 특정 직업군 또는 직무를 경험한 집단에서 특정 질병의 발생 또는 질병에 이환될 확률이 일반 인구 집단에 비해 통계적으로 유의하게 높은지 아닌지, 높다면 어느 정도 높은지를 정의하는 것만 가능하다. 예를 들어 진동 업무를 담당하는 집단에서 그렇지 않은 집단에 비해 레이노 현상*이 많이 발생하는 건 이미 알려져 있다. 그렇지만 그 작업을 한다고 해서 모두 레이노 현상이 발생하는 건 아

---

* 레이노(레노) 현상Raynaud's phenomenon은 한랭이나 심리적 변화에 의해 손가락이나 발가락 혈관이 오그라들었다가 다시 제 모습으로 이완되는 증상이 발생하고, 피부 색조가 창백, 청색증, 발적의 변화를 보이면서 통증, 손발 저림 등의 감각 변화가 동반되는 현상이다.

니다.

따라서 개개인의 인과성을 따질 것이 아니라 그 업무에 종사했는지에 대한 업무 수행성만 따지고 실제 의료기관에서 그런 질병으로 진단되었다면 산재로 인정하는 것이 훨씬 더 과학적이고 합리적이다. 또한 그렇게 판단해야만 인과성을 따지는 행정 비용과 산재 인정 전까지 제대로 된 치료와 재활 서비스를 받지 못해 발생하는 기회비용을 줄여, 사회 전체적으로도 훨씬 더 비용 효과적일 수 있다. 도덕적 해이가 의심되는 특정 사례에 집착해 업무 기인성을 고집한다면 그만큼 어리석은 일도 없을 것이다.

노동자 수급권의 침해

현행 산재보험은 복잡한 신청 절차와 인과성을 따지는 협소한 인정 기준의 문제 등으로 말미암아 아픈 노동자가 정당하게 치료받을 권리를 심대하게 침해한다. 이런 수급권 침해는 행정적 비효율성을 양산할뿐더러 건강보험에 막대한 재정적 부담으로 이어진다. 보험료의 사업주 부담이 50%인지, 100%인지가 중요한 문제는 아닐 수 있지만, 산재보험에서 부담할 비용을 건강보험에 전가함으로써 단기적으로는 사업주 부담을 감소시키고 노동자의 부담을 증가시킨다.

또한 현재 건강보험에 상병수당 제도가 없는 상황에서 건강보험으로 치료받는 중에 결근하면 결국 소득 상실이 발생하게 마련인데, 이런 상황에서 다니는 직장에 유급병가 제도가 없는 한 소득 상실을 해결할 만한 대책이 없다. 이런 이유로 노동자들은 빨리 치료를 끝마치고 직장으로 복귀할 수밖에 없다. 그래도 수술이나 입원을 하게 되는 경우는 소득 상실을 감수하더라도 치료를 유지하는 경우가 많지만, 입원이 끝나고 일정 시간 집에서 통원하며 이루어지는 재활 치료는 건너뛰기 일쑤이다. 이렇게 급성기 치료 이후 재활을 하지 않은 상태에서 무리하게 직장으로 복귀해 더 큰 후유 장애가 생기고 결국 질병 부담이 더 커지는 악순환이 지속적으로 발생한다. 이런 방식이 산재보험 입장에서는 개별 제도의 효율성을 담보할 수 있을지 모르지만, 전체 노동자의 건강을 나쁘게 만들고 사회적 비용을 증대한다는 점에서 거시적 비효율성은 크다.

이런 문제를 해결할 방법은 없을까? 건강보험처럼 하면 문제가 쉽게 풀릴 수 있다. 산재보험으로 치료받기 위해 근로복지공단의 사전 승인을 받는 절차를 없애고 치료받을 수 있도록 하면 된다. 이를 위해, 산재 노동자가 요양급여를 신청하는 것이 아니라 의사가 요양급여 신청을 하고 이를 산재 신고로 대체하면 된다.

구체적으로 살펴보면, 노동자가 특정 직업 또는 업무 관련성이 의심되는 질병으로 의료기관에 방문한 경우 의사가 직업

그림 6-2 제도 개선에 따른 산재보험 및 건강보험의 급여 제공 체계

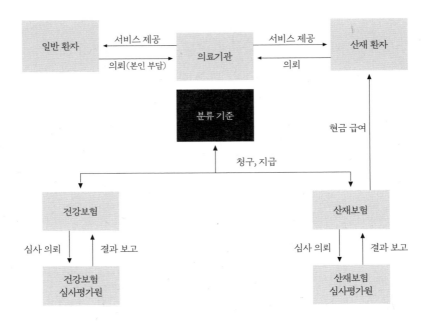

과 업무 관련성을 의무적으로 평가해 그 결과에 따라 건강보험으로 적용받을 환자와 산재보험으로 적용받을 환자를 구분하도록 한다. 만약 산재보험을 적용받는다고 분류되면 의료기관에서 근로복지공단에 요양급여를 신청하고 이를 산재 신고로 갈음하게 한다. 이런 방식을 채택하면 전체적으로 산재보험 신청 절차가 간소화될 뿐만 아니라 노동자의 수급권이 제도적으로 보장받을 수 있게 된다.

물론, 의사가 업무 관련성을 제대로 평가하지 않고 분류가 잘되지 않을 수 있다. 그 과정에서 노동자의 수급권이 침

해될지 모른다. 따라서 노동자 청구권을 지금처럼 존치할 필요가 있다. 의사의 분류가 잘못되었다고 생각하거나 아예 분류 자체를 하지 않아서 산재보험으로 청구되지 않은 경우 노동자가 직접 청구해 지금과 동일한 방식으로 절차를 진행하면 된다. 이렇게 산재보험 신청 절차에 관한 제도를 개혁한다면 발생할지 모를 부작용을 최소화할 수 있다. 또한 담당 의사에 의한 분류가 어려운 경우 산업의학 전문의에게 평가를 의뢰하고, 그 결과에 따라 급여가 제공된다면 오 분류의 문제점도 최소화할 수 있다.

이런 방식으로 제도가 개선되려면 몇 가지 조치가 함께 이루어져야 한다. 건강보험 진료를 수행하는 모든 의료기관이 산재보험을 적용한 진료를 볼 수 있도록 산재 의료기관 지정 제도를 변경할 필요가 있다. 지금은 일부 병의원의 경우 산재 의료기관으로 지정되어 있지 않아서 해당 의료기관에 방문하는 환자가 산재보험과 건강보험으로 분류되는 것 자체가 불가능하다. 건강보험 당연 지정 제도 운영과 같은 제도 변화가 필요하다.

물론, 요양기관 지정을 확대하면, 산재 노동자에게 적정한 서비스를 제공하기 어려운 요양기관도 서비스를 제공하게 되어 서비스의 질이 떨어지는 문제가 발생할 수 있다. 그러나 현재 산재 노동자에게 제공되고 있는 서비스의 질 저하 문제는 그 원인이 병원급 이상의 요양기관에서 제공되고 있는 서비스에 있는 것이 아니라, 의원급에서 이루어지고 있는 입원 서비스에서 발생하고 있다는 점에서 시행규칙 등을 통해 의원급 요양기관은 외래 서비스만 인정하고 입원 서비스를 제한하는 규정을 두면 질 저하 문제를 피할 수 있을 것이다. 또한 근로복지공단이 재활 요양원 등의 설치를 포함해 재활 사업을 강화한다면 산재 노동자에게 제공되는 서비스의 질을 높일 수 있을 것이다.

이와 더불어 그동안 근로복지공단과 산재 노동자 간에 주요한 갈등 요인이었던 자문의 제도*와 직업병 인정 기준을 폐지해야 한다. 질병 또는 손상이 발생할 수 있는 업무에 종사한 경우 질병 발생과 업무와의 인과성을 따지지 않은 채 산재보험 환자로 분류해 요양급여를 포함한 보험급여를 청구하고 보장받을 수 있도록 제도가 변경된다면 기존의 직업병 인정 기준은 마땅히 폐지되어야 할 것이다. 당연히 산재 노동자의 산재보험 접근성 또한 비약적으로 높아질 수 있다.

* 근로복지공단은 〈산업재해보상보험법〉 시행령 제42조에 근거해 업무상 재해에 따른 보험급여, 진료비 또는 약제비 등의 지급 결정이나 필요한 의학적 자문을 구하기 위해 자문의사 제도를 운영하고 있다. 공단에서 위촉 또는 임명한 자문의사들은 업무상질병판정위원회에서 잘못된 업무기인성에 기초해 산재 불승인을 결정을 내리는 역할을 담당하고 있다.

노동하는 모든 사람을 적용 대상으로

산재보험이 노동자 건강을 지킬 안전판 기능을 담당하려면 협소한 적용 대상 및 사각지대를 개선해야 한다. 실질적으로 산재보험의 적용에서 제외되어 있는 비정규직 노동자, 특수 고용 노동자, 이주 노동자, 소규모 사업장 노동자가 포함되는 방향으로 제도 변화가 필요하다. 지금처럼 사업주의 자진 신고로 가입받고 보험료를 부과하는 방식이 아니라 사업자 등록을 할 때 자동적으로 가입되고 임금이 지급되는 노동자는 모두 가입 대상이 되도록 해야 한다.

세금과 유사한 방식으로 보험료를 징수하고 예산을 통해 지원하는 방안에 대해서도 생각해 봐야 한다. 사회보험에 대한 인식도 변해 대다수 국민들이 사회보험을 세금과 동일시하는 경향이 커지고 있다. 그리고 한국의 사회보험은 정부의 강력한 통제하에서 준정부 기구가 운영하고 있는데, 정부의 통제 및 개입 정도에 비추어 보면 실제로는 정부가 운영하고 있다고 해도 과언이 아니다. 사회보험마다 조금씩 다르지만, 건강보험의 경우 세금을 통한 직접적인 예산 지원도 이루어지고 있다. 산재보험 역시 정부의 역할을 강조하고 재정 지원을 확대해 공정성과 사회연대성을 강화하자는 데에 반대할 노동자는 많지 않을 것이다.

예를 들어 사업자 등록 시 5인 미만 사업장 등을 포함해 영세 사업장의 경우 정부가 예산을 통해 보험료를 지급하고 1인 자영업자와 비공식 부문 종사자의 경우도 신고에 따라 보험료를 지원하는 방안을 생각해 봐야 한다. 반면, 지금까지 보험료율에 개별 위험도를 반영해 보험료율을 적용했던 차등 보험료율 방식을 모두 다 동일한 보험료율을 적용하는 평균 보험료율 방식으로 전환하면 보험료 부담 여력이 큰 사업주의 부담을 높일 수 있다. 장기적으로 건강보험과 통합한다면, 건강보험처럼 보험료율을 소득과 연동해 부과하는 방식도 생각해 볼 수 있다.

특수 고용 노동자 역시 사업주의 실효적 지배를 받아 업무를 수행하고 있는 만큼 사업자 등록증이 있다는 이유만으로 산재보험의 적용에서 제외하는 것은 타당하지 않다. 〈근로기준법〉 개정이 필요하겠지만, 그 전에라도 〈산재보험법〉을 개정해 근로계약의 존재 유무와 상관없이 모든 특수 고용 노동자에 대한 산재보험 적용을 확대해야 한다. 그리고 그에 따른 보험료 부담도 지금처럼 50%의 자부담을 둘 것이 아니라 실효적으로 지배하고 있는 사업주가 100% 부담하는 방향으로 개편해야 한다. 또한 현재 영세 자영업자나, 농작업 재해에 노출되어 있는 농민 등도 제외되어 있는데, 향후 이들에게까지 적용되도록 확대 방안을 마련하고 점차 전 국민 대상으로 확대할 계획이 요구된다.

만약 통합적인 제도를 추진하고자 한다면 우선적으로 재

원 분담 방식에 대한 국민적 합의를 도출할 필요가 있다. 개
별 제도의 손익계산서를 따질 것이 아니라 전체 국민의 시각
에서 제도 통합이 가져올 미래의 변화에 대해 합의가 이루어
져야 한다. 현재 노동인구의 고령화를 포함해 한국의 인구 고
령화 속도를 볼 때 논의를 지체할 시간이 없다. 이미 한참 늦
었다.

노동자 건강보장 제도가 통합된다면?

노동자의 건강 문제는 건강보험 문제를 놔두고 생각할 수
없을 정도로 매우 밀접한 관련을 맺고 있다. 이런 관련성은 산
재보험을 적용받아야 하는 직업 관련 손상이나 질병이 산재
보험의 적용을 못 받고 건강보험으로 넘어오는 경우가 매우
많다는 것에 국한되지 않는다. 이를 제외하더라도 건강보험과
산재보험은 분류의 경계가 모호하고 겹쳐 있다는 점에서도
그 거리가 매우 가깝다. 현행 산재보험 체계에서는 명확하게
직업 및 업무 관련 질병으로 보기 어려운 질병도 사실은 노동
자의 업무 또는 직업과 무관하다고 단정할 수 없을 때가 많다.
예를 들어 사무직에 종사하는 노동자가 불면증 때문에 정
신과나 신경과 외래를 찾아오는 경우를 생각해 보자. 이 경우
노동자 본인뿐만 아니라 어떤 의사도 불면증을 산업재해에

해당하는 직업 또는 업무 관련 질병의 하나로 생각하지 않을 것이다. 그러나 실제 불면증이 발생하는 이유를 찾다 보면 직업과의 관련성을 벗어나 생각하기 어려울 때가 많다. 과도한 업무량과 잦은 야근, 그리고 구조 조정 압박에 따른 고용 불안감 등에 시달리는 경우가 많고 이것이 불면증으로 이어지는 사례가 많다.

내 경험에 비추어 봐도 그런 사례는 쉽게 발견된다. 건강증진센터에서 문진과 상담 업무를 하다 보면, 업무 스트레스 탓에 불면증을 경험하는 노동자를 곧잘 만난다. 그러나 어느 누구도 이에 대해 작업 또는 업무 관련성을 의심하지 않고 당연하다는 듯 건강보험으로 치료받도록 안내한다. 결과적으로 산재보험으로 처리되어 사업주 부담으로 치료받아야 할 노동자가 개인이 직접 부담하는 비용이 훨씬 큰 건강보험으로 치료받게 된다. 즉, 사업주에서 노동자로 부담이 전가되는 셈이다.

최근 의료의 질을 높이고 전달 체계 개선 및 효율적인 의료비 지출 등을 유도하기 위해 가치 기반 진료비 지불 제도에 대한 관심이 뜨겁다. 현 정부도 지역 완결적 의료 체계를 구축하기 위해 가치 기반 진료비 지불 제도를 검토하겠다고 한다. 지금처럼 의료기관이 어떤 의료 행위를 하면 행위 하나하나에 수가를 매겨 이를 모두 보상해 주는 방식이 아니라 지역의 의료기관들이 서로 협력해 해당 지역의 주민에게 양질의 의료 서비스를 제공하고 그에 따라 결과가 좋아지면, 가산이나 별도의 보상을 더해 주고 그렇지 않은 경우는 감산이나 별도의 보상을 하지 않는다는 진료비 지불 방식이다. 이런 가치 기반 진료비 지불 제도에서 가장 중요한 원칙이 환자 중심성 또는 노동자 중심성이다. 서비스를 제공하는 공급자 대신 환자를 중심에 놓고 보면, 개별 행위를 얼마나 했느냐가 아니라 질적으로 우수한 의료 서비스가 가장 가까운 곳에서 지속적이면서 연속적으로 제공되느냐가 당연히 중요할 것이다.

정부가 이런 환자 중심성, 노동자 중심성을 고려한 가치 기반 진료비 지불 제도 등을 검토한다면 건강보험과 산재보험을 따로 떼어 놓고 생각하기 어렵다. 한 명의 환자를 개별 질병으로 떼어 내어 자원을 집중해 입원 진료를 하는 것은 중증도 높은 환자를 보는 큰 병원에나 해당하는 방식이다. 이런 큰 병원조차도 급성기 치료가 끝나면 재활이나 일차 의료기관과 연계해야 장애를 최소화하고 환자가 직장과 사회로 복귀할 수 있다.

특히, 만성질환 시대에 일상적인 질환 관리와 건강관리가 중요해지는 상황에서는 질환별로 구분해 의료 서비스를 제공하는 것은 매우 비효율적이며 의료의 질을 떨어뜨리는 주범이다. 환자의 다양한 건강 문제, 더 나아가 복지 문제까지 포괄적으로 평가하고 문제 해결의 방향과 서비스의 내용이 분절적이지 않으면서 통합적으로 이루어지게 해야 한다는 것이 환자 중심성을 설명하는 핵심 내용이다.

노동자가 반복적인 업무 탓에 어깨 관절에 염증과 변형이 발생하면서 육체적인 고통뿐만 아니라 정신적인 스트레스, 우울감을 호소하는 경우를 생각해 보자. 그리고 기존에 치료 중인 당뇨병이 제대로 관리되지 못했다고 가정해 보자. 사실 이런 사례는 임상 현장에서 빈번하게 접할 수 있다. 그렇다면 이런 증상 또는 질병을 쪼개서 어깨 관절은 산재보험을 통해 진료받고, 정신적인 문제와 당뇨병은 별도의 건강보험을 적용해 진료받는 것이 바람직한 모습일까?

후유 장애가 발생해 큰 병원에 입원할 것이 아닌 이상 가까운 의료기관의 주치의가 환자 또는 노동자를 중심에 놓고 전체적인 건강 문제를 평가해 가장 최적화된 서비스를 제공할 수 있도록 치료 계획을 수립하고 서비스를 연계하는 것이 타당하다. 그리고 대다수 OECD 국가들은 이런 방식으로 전인全人 치료를 제공하고 있다.

이렇게 서비스가 제공된다고 가정하면 현재 산재보험과 건강보험이 별도의 재원 조달 체계를 유지하는 것은 몰라도, 서비스의 공급·보상·관리 체계를 설계하고 유지하는 것은 적절하지 않을 수 있다. 그러나 이렇게 별도의 체계를 유지하는 데에는 그만한 현실적인 이유가 있다.

진료비 할인 제도라는 오명을 벗지 못한 건강보험

현행 건강보험 제도는 엄밀하게 말해 사회보험이라고 보기 어려운 점이 많다. 적용 대상의 보편성 등을 제외하면 보장성 수준이 매우 낮아서 질병 탓에 발생하는 치료비 부담으로부터 가계를 보호하는 데 심각한 어려움이 있다. 그런데 환자의 부담이 어찌 치료비뿐이겠는가! 아파서 병원에 상당 기간 입원하거나 진료받는 상황에 놓이면 당연히 직장에 다니기 어려워지고 임금을 받지 못해 소득 손실이 발생하게 마련이다. 따라서 대부분의 국가는 산재보험과 같이 의료보험에서 소득 보장을 해주거나 별도의 상병수당 제도 등을 두는 것을 당연하게 받아들인다. 한국처럼 별도의 상병수당 제도가 없으면서 건강보험에서 소득 보장을 하지 않는 국가는 좀처럼 찾아보기 힘들다. 이런 문제 때문에 한국의 건강보험 제도는 진료비 할인 제도에 불과하다며 박한 평가를 받기도 한다.

소득 보장이 되지 않기 때문에 동일한 질병에 걸려도 소득 보전이 필요한 노동자와 그렇지 않은 노동자 간에 의료 이용 면에서 차이가 발생한다. 현재 임금노동자이고 기업에서 별도의 소득 손실을 보장하는 규정이 없는 직장에 다니는 노동자들은 일정 기간 동안 재활과 요양이 필요한 상황이더라도 상병수당 제도 등으로 임금을 보전받을 길이 없기 때문에 급성기 치료만 받고 중도에 치료를 포기한 채 서둘러 직장으로 돌아갈 수밖에 없다. 반면, 아예 직장에 돌아가기 어려운 상황이거나 노령 인구처럼 임금노동자가 아닌 경우는 적극적인 재활 요양 없이 일반 병원에서 장기간 입원하는 상황으로 빠져들게 된다.

더욱이 직업 관련 손상이나 질병임에도 불구하고 산재보험으로 적용받지 못한 경우 충분한 치료와 재활을 받지 못한 채 직장으로 복귀하는 경우가 많다. 그렇게 상황은 악화되고, 급기야 돌이킬 수 없는 지경에 이르기도 한다. 마지막 단계에서 산재보험으로 처리되는 경우가 많지만, 직장으로 돌아오지 못한 채 영구적인 장애로 고통스러운 삶을 살아가는 것이다. 따라서 상병수당 제도가 없는 것을 비롯해 건강보험의 보장성 수준이 낮다는 문제는 결코 노동자의 건강과 무관하지 않다. 산재보험의 좁은 울타리 때문에 상당수의 노동자 건강 문제가 건강보험으로 이전되는 한 건강보험과 노동자 건강을 떼어 놓고 생각하기 어렵다.

노동자 건강과 보편적 건강보장 제도

노동자의 건강 문제가 발생하는 원인이 무엇이든 그로 말미암아 발생하는 결과는 동일하다는 점에서 건강보험의 보장성은 강화되어야 한다. 노동자가 아프거나 다치는 상황이 발생하면, 그 이유가 무엇이든 치료받아야 하고, 일을 못 해 소득이 줄어들면 소득 손실을 보전받아야 하며, 궁극적으로 건강하게 다시 일터로 돌아가야 한다는 점은 어떤 건강보장 체계이냐에 따라 달라질 일이 아니다.

그렇지만 현행 제도하에서는 아프고 다친 이유를 엄격한 잣대로 구분해 업무 관련성 유무에 따라 보장 내용을 달리하고 있다. 이런 방식은 복잡한 행정 절차에 기인한 사회적 비용 문제뿐만 아니라 건강할 권리의 공평한 보장이라는 측면에서도 적절하지 않다. 앞서 살펴본 바와 같이 복지 수준이 앞선 북유럽 국가들은 불건강으로 말미암아 발생하는 결과가 동일하다면, 그 원인이 무엇이든 간에 동일하게 보장하는 결과주의 또는 보편주의 원칙을 산재보험에도 적용하고 있다.

앞 장에서 다루었듯이 질병의 원인을 한두 가지 원인으로 국한하기란 불가능하다. 게다가 이제 거의 모든 질병이 정도의 차이만 있을 뿐 많든 적든 간에 직업 또는 업무 관련성이 있다는 증거가 쌓이면서 보편주의 원칙을 적용하는 경향이 강화되고 있다. 업무 내용과 질병의 인과관계를 엄격하게 추적해 특정 질병만 직업 또는 업무상 질병으로 인정하고 보상하는 현행 산재보험 제도는 매우 시대착오적이다.

그러나 산재보험이 시대착오적이라 하더라도 현재의 산재보험 제도가 당장 없어져야 할 제도라고 성급하게 단정해서는 안 된다. 앞서 이야기한 바와 같이 현재 건강보험이 노동자의 건강권을 평등하게 담보할 만큼 보편적 건강보장 제도로 발전하지 못하고 있기 때문이다. 대표적인 문제가 바로 보장성 수준의 취약성이다. 산재보험의 보장성 수준이 아무리 낮다고 하더라도 매우 취약한 건강보험의 보장성 수준과 비교해 볼 때 상대적 우위가 있다. 따라서 산재보험 제도를 곧바로 없애기보다 보장성 수준을 지금보다 높이고 엄격한 인정 기준과 사전 승인 제도에 따른 문제를 개선해 갈 필요가 있다.

장기적으로 산재보험과 건강보험은 통합되어야 한다

당장은 아닐지 모르겠지만, 산재보험과 건강보험은 단일한 건강보장 제도로 통합되어야 한다. 건강할 권리가 노동자, 더 나아가 모든 사람의 보편적 권리라고 한다면, 불건강에 따른 고통을 줄이고 이전 상태로 복귀할 수 있도록 사회가 최대한의 노력과 지원을 해야 한다는 점에서 원인의 종류와 대상의 차이는 존재할 필요가 없지 않을까? 사회 구성원의 국적이 무엇이든, 손상 및 질병의 원인이 무엇이든 그에 따른 차이를 둘 이유가 무엇이란 말인가?

물론 더 깊숙이 들어가면 제도를 운영하는 데 필요한 재원을 어떻게 조달하고, 그 재원을 누가 부담하느냐의 문제가 통합을 가로막는 걸림돌로 작용할 수 있다. 산재보험은 사업주가 모두 부담을 하는데, 건강보험과 통합할 경우 사업주의 부담이 줄어드는 것이 아닐까 하는 문제의식이 생길 수 있다. 그러나 보험료를 모두 사업주가 부담한다고 해서 사업주가 자신 또는 주주의 몫으로 돌아가는 이윤 중 일부를 보험료로 부담하는 것이 아니라 개별 노동자의 임금으로 전가하고 있기 때문에 사업주 부담과 노동자 부담의 비율 문제는 결정적인 문제가 아닐지 모른다.

물론 아직까지 우리 사회에서 사회 임금에 대한 보편적 시각이 형성되지 않고 있는 상황에서 노동자 부담 비율을 줄이고 사업주 부담 비율을 늘리는 작업, 즉 사회 임금 부분의 영역을 넓히는 노력은 매우 중요하다. 그러나 이것이 건강보험과 산재보험의 제도적 통합을 부정하는 결정적 이유가 될 수는 없다. 문제는 당장에 통합되어야 한다는 데 있는 것이 아니라 왜 노동자는 동일한 불건강 상태에서 다른 대접을 받아야 하는지, 더 나아가 노동자가 아닌 사람은 왜 동일한 불건강 상태에서 노동자보다 못한 대접을 받아야 하는지에 대한 근본적인 문제에 천착해 각각의 제도가 나아가야 할 방향을 좀 더 명확히 해가는 노력이 필요하다.

현재의 산재보험 틀은 노동자 건강을 충실히 구현한다는 적극적인 목적을 담보하기 어려울 만큼 낡았다. 자본의 축적 체제가 변화하는 과정에서 고용 관계의 변화에 따른 사회적 위험과 불안정성을 줄일 수 있는 안전망 기능을 수행하기 어렵다. 제도의 근본적 변화가 필요하다.

한국의 산재보험은 불건강 상태에 처한 노동자가 건강을 회복하고 불건강 상태 이전으로 복귀함으로써 노동자의 건강권을 실현하겠다는 철학과 목표에 기반해 성립·발전한 것이 아니다. 오히려 산업재해에서 사업주의 책임을 명확히 함으로써 산업재해로 말미암은 개별 자본의 피해를 최소화하고 급격한 생산과정 변동을 막아 자본주의 생산의 안정성을 높이려는 목표에서 성립·발전했다고 보는 것이 타당하다.

일반적인 산재보험의 발전 역사를 보면, 노동 및 사회 시민운동이 발전하고 시민 의식이 향상함에 따라 사회적 권리 의식이 커지고, 노동권뿐만 아니라 노동자의 건강권, 더 나아가 모든 시민의 건강권이 보편적 권리로 확장되면서 변화된 권리 의식을 기존 산재보험의 틀로 담아내기 어려워진다. 그 과정에서 많은 OECD 국가들이 동일한 속도와 체계는 아니지만 엄격한 원인주의에 기초한 과거의 틀을 벗고 노동자의 불건강 상태라는 결과에 착목해 노동자와 보편적 시민의 건강권을 어떻게 평등하게 향상할지에 초점을 맞춘 제도 개혁을 모색하고 있다. 한국과 같은 방식의 산재보험 제도를 운용하는 나라는 이제 서구 복지국가에서 찾기 어렵다고 해도 무방하다. 그런 노력의 일환으로 여전히 산재보험 제도의 독립성이 강한 독일처럼 조합주의 전통이 우위에 있는 국가들조차 자영업자 등 기존에 포괄하지 못한 이들을 산재보험의 틀에 포함해 가고 있다. 북유럽 등 국가주의적 전통이 형성된 나라들은 아예 통합적인 건강보장 제도가 정착되어 가고 있다.

서구의 역사적 변화 발전과 달리 한국의 산재보험은 전과 다름없이 사업주의 관점에서 한 발도 벗어나지 못한 사용자배상책임보험 성격의 산재보험을 유지하고 있다. 산재보험을 담당하는 근로복지공단의 일부 간부들조차 산재보험이 사회보험이라는 사실을 스스로 부정하고 사업주의 이익을 고려하는 자가당착에 빠져 있다(〈매일노동뉴스〉 2024/04/25). 이런 철학과 목표에 기반하고 있기 때문에 산재보험은 엄격한 인정 기준과 사전 승인 제도를 완고하게 유지하고 있다. 사실 노동자의 건강 회복 및 직장과 사회로의 재복귀를 지향한다는 〈산재보험법〉의 목표 설정은 현재의 인정 기준 및 제도적 틀과 맞지 않는 정치적 수사에 불과하다.

노동자의 건강권에 초점을 맞춘다는 것은 단지 응급 상황에 대처하고 치료 수준을 높이는 데 그치는 것이 아니라 첫 치료 순간부터 노동자가 직장과 사회로 복귀할 때가지 모든 지원과 노력을 기울인다는 것을 의미해야 한다. 물론 치료라도 잘해야 하지 않느냐는 현실론도 있지만, 치료 단계에서 발생한 문제를 해결한 뒤에야 직장과 사회로 복귀하는 문제를 다루는 식으로는 〈산재보험법〉의 목표를 달성하기 어렵다. 치료 단계부터 복귀를 염두에 둔 재활의 관점을 명확히 해야만 직장과 사회로 복귀할 수 있다.

그동안 산재보험에서 추진한 재활은 통합적인 관점으로 이해되고 추진된 것이 아니라 직업 재활 중에서도 직업훈련 정도로 이해되는 경향이 강했다. 따라서 산재 노동자가 최대한 사회로 복귀할 수 있도록 지원하기 위한 체계적인 제도로 성립하지 못했다. 그 결과 재활 사업이 일부 산재 노동자만을 대상을 한 직업훈련원, 점포 임대 지원 사업과 같은 창업 지원 위주로 제한되어 왔다.

과거 일상생활의 기능 회복에 초점을 맞춘 재활에서 발전해 최근 일부 직업 재활의 개념이 도입되는 등 재활의 범위가 넓어지고는 있지만, 여전히 치료부터 복귀까지 전체를 아우르지 않은 채 건강 및 재활에 대한 협소한 시각에 기초해 재활 사업을 추진하고 있다. 예를 들어 2018~22년까지의 산재보험 재활 정책 방향을 담고 있는 정부의 제5차 산재보험 재활 중기 계획을 보면, 전문 재활 치료 활성화 추진, 사업주의 의무 강화 및 제도 개편, 산재 노동자 사회 참여 지원 강화 등을 담고 있지만, 여전히 재활을 포괄적이고 연속적으로 바라보지 못하기에 한계가 많다. 특히 직업 재활의 경우 일회적이고 단편적인 성격을 부분적으로 확대하는 데 그치고 있다. 정부 계획은 여전히 종합적인 사회적 인프라를 구축하기보다 산재 노동자 개인에 대한 지원 위주로 편성되어 있다. 이런 협소한 직업 재활 정책으로는 대다수의 산재 노동자가 제도의 혜택을 받기 어렵다. 더욱이 2023~27년까지의 제6차 계획은 맞춤형 재활 지원을 강화하겠다는 방향만 설정한 채 아직까지 구체적인 계획안을 제시하지 못하고 있다.

또한 산재 노동자는 재해 발생 부위 및 상해 종류, 연령, 중증도, 재해 종류 등에 따라 직업 재활에 대한 요구도가 다르다. 따라서 제대로 된 직업 재활 서비스를 제공하려면 산재 노동자의 특성에 따라 적합한 프로그램이 개발되고 적용되어야 한다. 이런 방향으로 직업 재활 프로그램이 제공되었을 때 비로소 최종 결과인 고용 및 사회 복귀와 연계할 수 있다. 더욱이 사회적 복귀의 핵심이 직업을 통한 복귀라 할 때, 재활 정책은 적극적인 고용과의 연계에 강조점을 두어야 한다. 특히 산재 노동자의 대부분이 가계를 책임지고 있다는 점에서 직업의 복귀는 가장 중요한 문제가 될 수밖에 없다. 그러나 지금처럼 원직장 또는 직장의 복귀를 바라는 대다수 산재 노동자의 요구와 달리 그중 일부만이 직장으로 돌아갈 수 있고, 중등도 이상의 장애를 가진 노동자 중 일부만이 직업 재활원에서 교육받는 상황에서는 문제 해결도 요원할 수밖에 없다.

독일만 보더라도 재활 개념을 치료와 구분하지 않고 치료에 들어가는 비용까지 재활 비용에 포함하면서 노동자가 산재에서 직장 및 사회로 복귀하는 전 과정을 의료 재활이라는 개념 속에서 통합하고 적극적인 건강권을 실현하려는 노력을 강화하고 있다. 이와 비교하면 우리는 과거의 틀에 갇혀 한 발짝도 전진하지 못하고 있다고 해도 과히 틀리지 않다. 재활에 있어서 건강보험과 산재보험을 구분하지 않고 통합적으로 접근하면서도 직업 복귀라는 관점을 고려해 산재 노동자의 재활을 강화하는 서구 복지국가의 포괄적인 의료 재활 정책을 전향적으로 받아들여야 한다.

산재 노동자는 어디에?

7장

건강보험의 보장성이 개선되고 상병수당 제도가 도입되면 본격적으로 건강보험 제도와 산재보험 제도의 통합을 추진할 필요가 있다. 노동자가 어떤 원인으로 다치고 아프든 결국 건강하게 일터와 사회로 복귀하는 것이 중요하다면 의료 비용에 대한 보상 체계와 상병수당 또는 휴업급여로 대표되는 노동 손실에 대한 보상 체계를 통합하는 것이 인권적 측면이나 사회경제적 발전 수준 및 고령 노동으로 대표되는 인구 구조의 변화 측면에도 타당하다. 그렇지만 직업 재활은 급성기 치료 이후 이루어지는 회복기 재활이나 장애인 재활 등과 구분될 가능성이 크다. 재활 목표 자체가 다른 만큼, 관련 서비스의 공급 체계와 재원도 별도의 영역으로 남겨질 필요가 있다. 이번 장에서는 산재 노동자에게 어떤 재활 서비스가 필요한지에 초점을 맞춰 현재의 직업 재활을 비판적으로 정리해 보고자 한다.

일 뺏는 사회

많은 노동자들이 일터에서 사라지고 있다. 예전보다 산재가 줄었다고는 하지만, 고령 노동자가 많아지는 상황에서 불건강 문제로 일하지 못하는 노동자는 오히려 늘어나고 있다. 베이비 붐 세대가 노동인구의 다수를 점해 대체할 노동 인력이 많을 때에 이 문제는 사회적 의제가 되지 못했다. 인권적 관점에서 산재 노동자들이 투쟁해 왔지만, 산재보험에 진입한 노동자에 대한 미시적 접근이 대부분이었다. 이제 상황이 달라졌다. 베이비 붐 세대의 노동자들이 은퇴하기 시작했고, 저출산 문제로 생산 가능 노동 인력이 급감하고 있다. 이제 정부가 관심을 갖기 시작했다.

그런데 이런 방식의 관심에는 근본적인 한계가 있다. 건강한 노동과 일터에 대한 관점이 결여된 것이야말로 문제의 근본 원인일 텐데 노동 인력의 고령화와 인력 부족 현상만 주목한다. 정부의 미래 비전이 없는 한 노동자의 건강이 실제로 좋아지기를 기대하기는 어렵다. 일터를 건강하게 만들어 노동과정에서 불건강 문제를 획기적으로 줄이고, 더 나아가 일터에 진입하는 장벽을 대폭 낮추는 비전, 즉 누구나 삶과 병행하는 건강한 노동을 추구하는 비전을 갖고 그동안 노동과정에 참여하지 못한 여성, 장애인 등의 참여를 촉진한다는 방향성을 가져야만 변화가 가능하다.

그러나 현재 정부가 추진하는 일련의 정책은 그런 미래 비전과 거리가 멀다. 정부 계획처럼 이민의 확대도 추진되어야겠지만, 불건강한 일터와 일과 생활의 양립이 불가능한 환경을 고치지 않은 채 이민만 확대한다면 인종차별과 위험의 외주화가 구조화되는 일들이 벌어질 것이다. 노동의 가치는 물론 건강한 노동마저 존중하지 않는 상태로 플랫폼 노동 확대를 포함해 지금과 같은 이중 노동시장 정책이 강화된다면 일터에서 노동자가 사라지는 현실을 바꾸기 어렵다.

모든 사람들이 건강한 일터에서 동일노동 동일임금을 적용받으며 자신의 역량을 십분 발휘하고 일과 생활을 병립할 수 있다면, 그리고 장애가 있다는 이유로 노동과정에서나 그 결과에 차별받는 일이 없을 뿐만 아니라 더 나아가 일의 선택에서도 차별받지 않는다고 가정한다면, 고령화 시대에도 노동자의 건강과 일터의 지속 가능성은 보장될 것이다.

이런 주장이 현실성 없는 상상에 불과할까? 고통스러운 노동은 놔둔 채 일터 밖에서 스포츠센터와 영양제를 찾는다고 해서 노동자의 건강이 회복될 리 없다. 열악한 노동환경에서 참고 견디는 장시간 노동만으로 생산성이 높아지기를 기대하는 건 참으로 어리석은 일이다. 영혼까지 팔아 노동해서 얻은 성과가 몸의 상처와 질병이고, 그런 노동을 수용하고 나를 위협하는 위험을 예방하지 못한 채 다른 동료와 비정규직 노동자에게 위험을 이전한 결과가 그들에게 불건강을 안기는 것이라면 그런 노동이 어떻게 더 지속 가능할까? 8시간 노동을 통해서는 나와 가족의 건강한 삶을 보장받지 못해 몸을 극단으로 내몰며 투 잡, 스리 잡을 뛰어야 하고, 그래도 가족의 생계를 부양하기 어려워 부동산, 주식, 코인에 빚을 내 투자한 결과 감당할 수 없는 상환 이자에 허덕이는 삶과 노동으로 어떻게 지속 가능한 삶이 보장될 수 있나! 여전히 현재의 노동은 당신의 선택이고 누구든 노력만 하면 부자가 될 기회의 창이 열려 있다는 혹세무민의 황색 언론에 우리가 얼마나 더 속아야 하나!

노동자들은 이윤과 생산에 목맨 한국 자본주의에 몸으로 경종을 울리고 있다. 기후 위기가 인류의 삶이 뿌리째 뽑히고 있음을 보여 주는 상징이라면, 인구 절벽은 한국 사회가 막다른 골목에 다다르고 있음을 보여 주는 상징이다. 노동자에게 일을 빼앗고 노동자를 갈라 치는 방식으로 우리 사회의 미래는 없어 보인다. 그런데 이렇게 암울한 현실을 온몸으로 견디고 있는 사람들이 있다. 바로 산재 노동자들이다.

동일 처우의 원칙

직업에 복귀할 희망이 사라진 산재 노동자는 가족과 자신의 남은 삶을 지켜야 하는 절대 절명의 위기 속에서 도덕적 수치심을 내던지고 생존의 길을 찾는다. 이전에 이미 망가져 있던 몸의 장애가 회복 불가능한 지경에 이르러서야 산재보험으로 처리하고 요양급여를 받는다. 이때 요양급여의 상당수는 급성기 치료보다 재활 요양의 성격이 대부분이다. 그리고 재활 역시 직장 복귀를 목표로 급성기와 아급성기가 결합된 재활 의료 서비스가 아니라 이미 회복하기 어려운 장애에 대해 기능을 좀 더 보전하기 위한 만성기 재활이 대부분이다.

그 상황에서 노동자는 이미 날아가 버린 직업 복귀의 희망 대신 몸의 다른 부위가 망가지는 위험을 감내하더라도 가족의 생계를 위해 희생한다. 즉, 최대한 입원 기간을 늘리고 장애 등급이라도 잘 받기 위해 애쓴다.

왜 이런 일들이 벌어질까? 아픈 노동자가 잘 낫고 과거와 동일한 수준으로 노동력을 갖추어 직장에 복귀하게 하자는 것이 그렇게 과도한 주장인가? 산업재해 발생 전후로 노동자의 삶에 질적 변화가 발생하지 않도록 해야 한다는 것은 당연한 원칙 아닐까?

이런 원칙이 적용된다면, 산재 노동자들은 산업재해 이전의 건강한 노동력으로 복원한 상태에서 산업재해의 위험 요인으로 작용한 작업환경이 전면적으로 개선된 원직장에 복귀할 수 있었을 것이다. 만약 원직장과 원직무에 복귀하지 못하거나 복귀하더라도 과거의 노동력을 유지하기 어렵다면 그 차이를 사회가 메꿀 수 있도록 제도적 장치가 마련되었을 것이다.

그러나 그런 원칙은 작동하지 않고 있다. 이런 상황에서 산재 노동자들은 건강을 스스로 악화해 가면서까지 오랜 기간 병원에 입원하고 있다.

병원에 입원하는 기간이 길어질수록 새로운 질병이 발생한다는 것은 일반적인 상식이다. 활동이 제한되는 병원에서 오래 입원할수록 근육과 관절, 그리고 심폐 기능이 손실된다. 낙상과 감염은 병원이 항상 안고 있는 위험이다. 이를 감수하고 병원에 남고 싶은 환자가 얼마나 있겠는가? 산재보험 휴업급여라도 받아야 생계를 꾸릴 수 있기에 이를 위해 무리하게 입원해야 하는 상황이 아니면 설명되지 않는 풍경이다. 생존을 걸게 만드는 제도를 유지하면서 산재 노동자에게 도덕적 해이라는 멍에를 씌우는 것이 오히려 부도덕한 일이 아닐까. 안타깝게도 정부 관계자의 입에서, 황색 언론의 기사를 통해 부도덕한 언사가 다반사로 일어나고 있다.

나는 15년 전 스웨덴에서 만난 한 장애인과의 인터뷰를 잊지 못한다. 장애인 교육 센터에서 장애인 스포츠 재활 강사로 활동하던 그는 교통사고로 휠체어를 사용하는 장애인이었다. 장애인 교육 훈련생에게 열정적으로 농구를 가르치던 그에게 비장애인 강사와 어떤 점이 다른지를 물어보았다. 교육 과정에서 어려운 점이나 약점을 보완하기 위해 이런저런 노력을 하고 있다는 답변 정도를 예상했던 나는 전혀 다른 이야기를 듣고 그다음 질문을 이어 가지 못했다. 나의 무지함과 편견에 쥐구멍에라도 들어가고 싶은 심정이었다.

그 강사는 답변 대신에 질문 하나를 던졌다. "직업과 사회 복귀에 필요한 재활 교육을 장애인만큼 더 잘할 수 있는 비장애인이 있을까요?" 정말 그렇다. 일상의 삶과 직업 생활 과정에서 어떤 어려움이 있고, 이를 극복하려면 어떤 노력이 필요한지를 장애인만큼 잘 설명하고 교육할 수 있는 사람은 없을 것이다.

그러나 우리의 현실은 어떤가? 장애인이 재활 센터에서 교육을 직접 담당하는 경우는 그리 흔하지 않다. 고용되었다고 하더라도 행정적인 지원 업무가 대부분이다. 작업 치료를 포함한 재활 치료와 교육의 상당수는 비장애인 강사의 몫이다. 장애인은 비장애인에 비해 업무 역량이 떨어진다는 편견이 뿌리 깊게 자리 잡고 있기 때문이다. 이런 편견을 깨지 않는 한 산재 장애인을 포함한 장애인의 직업 재활이 제대로 된 방향을 갖기 어렵다.

이런 편견이 캠페인 몇 번으로 해결되지는 않을 것이다. 최소한 재활 정책에 대한 정부의 태도부터 바꾸어야 한다. 장애인 의무 복무 비율을 늘리고 매우 제한된 업종에 국한된 직업훈련 프로그램을 운영한 것으로 정부의 소임을 다했다고 여기면 착각이다. 장애 전후, 장애인과 장애인, 또는 장애인과 비장애인 간의 동일 처우 원칙을 어떻게 적용할 수 있는지를 유념하며 장애인 당사자의 관점에서 정책과 제도를 재구성해야 한다.

산재 전후로 산재 노동자의 삶이 바뀌지 않아야 한다는 원칙은 사후적인 치료와 보상에 국한되는 것이 아니라 사전 예방과 일터 환경의 개선까지 연결되어야 한다. 산재보험의 요양급여 등을 통해 건강한 노동력을 복원하더라도 산업재해가 발생했던 일터 환경이 그대로라면 똑같은 산재 문제가 발생할 수밖에 없다. 산재 노동자에게 이차 가해를 하는 셈이다. 이런 상황에서 산재 노동자들은 신체적 고통뿐만 아니라 일종의 트라우마에도 시달려 과거의 기능을 온전히 발휘하기 힘들 수밖에 없다.

따라서 제도적 변화를 통해 일터 자체를 건강증진을 이룰 만한 공간으로 탈바꿈해야 한다. 설사 어쩔 수 없는 건강 문제가 발생하더라도 초기에 치료와 재활이 충분하게 이루어지고 개선된 일터에서 다시 건강하게 일할 수 있다면 일터는 고통을 재생산하는 공간이 아니라 노동의 존엄성이 보장되는 생활터로 거듭날 것이다.

그렇다면 생산성도 자연히 좋아지지 않을까? 이런 생각이 단지 상상에 그치지 않는다는 점은, 노동시간이 짧고 동일노동 동일임금의 원칙이 지켜지며 건강한 일터 환경을 만들려고 오랫동안 노력해 온 북유럽 등지의 노동생산성이 훨씬 더 좋다는 데에서도 확인할 수 있다.

동일 처우 원칙은 산재 노동자를 넘어 장애인, 소수자 등 전체로 확대되어야 한다. 선천적인 장애가 있는 노동자의 경우 장애 전후에 동일 처우를 받는 것 자체가 불가능하다. 그러니 같은 세대의 산재 장애인, 더 나아가 일반 인구 집단과 비교해 동일 처우를 받을 수 있도록 하는 것이 중요하다. 보편적인 보장은 필요도를 생각하지 않고 균등하게 자원을 배분한다는 것을 의미하지 않는다. 필요도가 훨씬 더 높은 취약한 집단에, 그 취약도에 비례해 더 많은 자원이 투입되고 지원이 이루어져야 한다.

재활과 사후 관리

노동자 건강보장 제도로 발전하기 위해 산재보험이 달성해야 할 선결 과제는 급여의 보장성 강화다. 소규모 사업장 및 비정규직 노동자에게 불리한 휴업급여 및 장해급여 수준과 취약한 요양급여 수준을 높여야만 비형평성을 줄이고 위험 분산 효과를 발휘할 수 있다. 또한 실질적인 의미에서 재활급여를 신설해 포괄적인 재활 서비스가 제공되게끔 급여 범위를 확대할 필요가 있다. 산재 발생 시점부터 재활의 관점이 포함되고 직장과 사회로 복귀하기까지 통합적인 체계하에 지속적이고 연속적인 서비스가 제공되어야 한다.

구체적인 내용을 살펴보면, 첫째, 요양급여의 보장성을

강화할 필요가 있다. 산재로 인정되면 산재보험에서 진료비를 모두 부담한다고 하지만, 실제 진료비 가운데 비급여가 차지하는 비중이 커서 산재 노동자가 짊어질 경제적 부담이 크다. 필수 불가결한 의료가 아닌 부분은 급여를 제공하기 어렵다는 것이 비급여 항목의 존재를 뒷받침하는 논리이지만, 산재 노동자가 진료 내용을 선택할 권한이 없는 상황에서 산재 노동자에게 그 비용을 부담시키는 것은 타당하지 않다.

미용 목적의 성형수술 등과 같이 명백하게 치료와 상관없는 일부 항목만 비급여 항목으로 정해 놓고 나머지는 모두 요양급여 범위에 포함하는 방식으로 제도를 개혁해야 한다. 예를 들어 현재는 의료 재활의 요양급여 항목이 주로 통증을 제거하는 데 맞추어져 있는데, 앞서 말한 대로 제도가 변화되면 재활과 관련된 모든 항목이 급여 범위에 포함되고 보장성도 확대될 것이다.

그런데 이런 제도 변화로 말미암아 산재 노동자가 병원에 오랫동안 머무르는 경향이 더 커지지 않겠느냐는 비판이 나올 수 있다. 지금도 장기 입원 문제가 심각한데, 보장성이 커질수록 도덕적 해이도 심해지지 않겠느냐는 것이다. 그러나 이런 주장은 산재 노동자가 왜 병원에 오래 머물려 하는지에 대한 근본 원인을 외면한 채 그 현상만을 부각하고 그 이유를 개인의 도덕성 문제로 치부하는 데서 나온 오류이다. 산재 노동자의 입원 기간이 길어지는 것은 해당 노동자의 도덕성 문제가 아니라 재해 이후 원직장 또는 사회로 재복귀할 수 없는 현실 때문이다.

따라서 이런 문제를 해결하지 않은 채 요양 강제 종결 방식으로 장기 재원 문제를 해결하려 들면 갈등만 증폭할 뿐 실질적인 문제 해결은 요원하다. 의료 및 직업 재활 서비스가 충분히 제공되고 이후 고용과의 연계 체계가 작동하며 재해 이전의 상태와 유사한 상황으로 복귀할 수 있다면 자연스럽게 해결될 문제이다.

둘째, 소득 보장이 제대로 이루어져야 한다. 휴업급여의 경우 현행 평균임금의 70% 원칙을 탄력적으로 적용해 임금 수준이 낮은 영세 사업장 노동자, 비정규직 노동자가 생계를 위협받지 않도록 소득 보장이 강화되어야 한다. 휴업급여의 하한선을 대폭 인상하고 일정 급여 이하의 경우는 평균임금을 모두 보장하는 방향으로 휴업급여를 탄력적으로 제공하는 방식을 생각해 볼 수 있다.

또한 중증 장애, 저소득 산재 노동자의 소득 보장이 현실화되도록 보상 체계를 개편해야 한다. 산재 노동자의 기능 손실 정도를 전혀 파악할 수 없는 현행 장해 등급 판정 체계를 개편하고 장해급여비를 현실화해야 한다. 직장 복귀가 거의 이루어지지 않고 장애인의 복지 혜택이 매우 미약한 상황에서 산재 노동자들은 소득의 대부분을 장해급여에 의존하고 있다. 특히 중증 장애인과 산업재해 이전의 직장에서 받은 보수가 적은 산재 노동자는 산업재해 후에 소득이 급격히 상실되는 만큼 이를 보전할 장치가 필요하다.

셋째, 현물급여 방식으로 이루어지고 있는 요양급여의 지급 방식, 또는 진료비 지불 제도를 바꿀 필요가 있다. 현재 행위별 수가 제도는 공급자에게 과잉 진료를 유인하는 기전으로 작용할 수 있기 때문에 질병별로 지불 단위를 포괄해 진료비를 지불하는 포괄 수가 제도의 도입이 필요하다. 다만, 산재의 경우 재활 및 고용과의 연계가 긴요한 만큼 재활이 연계되는 방안이 지불 제도에 반영되어야 한다. 특히 재활급여를 신설할 경우 상당수의 급여가 현물급여 방식으로 제공될 것으로 판단되는데, 재활급여를 제공하는 방식에 대한 검토가 요구된다.

넷째, 산재 노동자를 비롯해 장애인에 대한 재활 및 사후 관리 체계를 강화해야 한다. 현재 산재보험의 핵심 문제로 지적되고 있는 요양의 장기화 문제는 다른 요인도 작용하겠지만, 가장 핵심적인 문제 중 하나가 재활 및 사후 관리 체계가 부재하다는 데 기인한다. 근본적으로 직장에 복귀할 수 있도록 체계적인 직업 재활 및 고용 프로그램이 제공되어야 하고, 장애인 복지 수준이 OECD 국가 수준으로 확대·강화되어야만 요양의 장기화 문제 및 산재 장애인의 빈곤화 문제를 해결하고 건강한 삶을 보장할 수 있다.

재활 및 사후 관리 체계를 구체적으로 살펴보면, 우선 산재 노동자의 특성에 맞는 직업 재활 프로그램을 개발하고 실행에 옮겨야 한다. 예를 들어 경증 장애, 중증 장애, 재가 장애 등 중증도의 차이에 따라 직업 재활 프로그램을 달리 제공하고, 산재 노동자의 의견이 최대한 반영되는 업무 적합성 평가를 신설해야 한다. 만약 업무 적합성 평가를 통해 원직장 복귀가 가능하다고 판단되면 원직장 복귀를 목표로 한 재활 프로그램이 제공되어야 한다. 또한 원직장에 복귀할 수 없다면 직업훈련원을 통해 재취업을 보장하고 보호 사업장을 육성해 고용을 보장해야 한다. 재가 장애인처럼 취업이 원천적으로 불가능한 경우는 의료보호 지정과 같은 사회보장 체계 내에서 지원이 확대되어야 한다.

다음으로 이를 위한 시설, 인력 등 기본 인프라를 갖추어야 한다. 근로복지공단 병원에 재활 센터 기능을 신설 또는 강화하는 방안을 검토할 필요가 있다. 재활 센터는 의료 재활 서비스, 조기 직업 재활 서비스, 사회 심리 재활을 통합적으로 제공하는 기관으로서 급성기 병원에서 내·외과적 치료를 거친 후 신속한 기능 회복과 직업 복귀를 가능하게 만드는 역할을 담당하는 기관이다. 재활 센터를 통한 집중적인 재활 서비스 후에도 직업 복귀가 불가능한 경우는 별도의 직업훈련 기능을 위한 직업훈련원 또는 중증 돌봄 시설을 통한 사회 재활 서비스를 제공하는 방식으로 전달 체계를 구축할 필요가 있다.

원직장에 복귀할 수 있도록 관련된 제도적 장치를 마련할 필요도 있다. 직업 복귀에서 가장 핵심적인 내용은 원직장으로의 복귀이다. 일차적으로 원직장 복귀를 의무화하고 산재 노동자의 의사에 기초한 업무 적합성 평가를 수행해 최종적인 복귀 여부를 결정하도록 한다. 그리고 원직장 복귀가 이루어지지 않을 경우 재취업하기까지 근로복지공단이 재활 프로그램을 제공하는 등 직업 복귀 과정을 관리하고 이에 대한 비용을 사업주가 부담하게 하는 등 다양한 방안을 마련할 필요가 있다. 업무 적합성 평가 및 사업주의 이의에 대한 공정한 평가를 위해 근로복지공단 내에 업무 적합성 평가 위원회 또는 원직장 복귀 위원회를 설립하고 원직장의 복귀 여부를 판단하는 등 자의적이지 않도록 객관적인 절차와 기준을 마련해야 한다. 또한 위원회에 산재 노동자의 참여가 적극적으로 보장되고 의견이 반영될 수 있도록 민주적 의사 결정 구조가 갖추어져야 한다.

결론적으로 산재 노동자에게 산재가 발생한 시점부터 직업에 복귀하기까지 전 과정이 체계적으로 관리될 수 있도록 정책이 개발되어야 한다. 근로복지공단의 기능과 역량을 강화해서든 아니면 근로복지공단이 아닌 새로운 기관을 통해 서비스가 제공되든 모든 산재 노동자가 원직장 복귀, 재취업, 전직, 자영업 등으로 직업 및 사회 복귀가 이루어질 때까지 당사자의 관점에서 그리고 당사자의 참여 속에서 직업훈련과 취업 알선, 취업 후의 사후 관리까지 일대일 서비스가 제공될 수 있도록 사후 관리 체계를 갖추어야 한다.

글을 마치며

1993년 노동과건강연구회라는 산재 단체에 첫발을 디딘 이후 30년이 흘렀다. 오랫동안 노동자 건강권 활동에 참여하면서 변화하지 않는 현실에 좌절했다. 건강한 노동은 가능할까 의구심을 품기도 했다. 상당한 시간이 흘렀지만 여전히 노동자 건강은 어둠의 장막에 갇혀 있는 것 같다는 생각을 지우기 어렵다.

공공 의료 활동을 하면서 10년 넘게 노동자 건강권 활동에서 떨어져 있었다. 그래서 그런지 참담한 현실을 보면 아프고 미안하다. 여전히 줄어들 줄 모르고 발생하는 산업재해 소식에 분노하기도 하고, 〈중대재해처벌법〉이 통과될 때는 혹시 달라질지 모른다는 희망을 가져 보기도 했다. 그리고 〈중대재해처벌법〉이 통과되기 전에 발생한 사건이라 김용균 씨 사망에 대해 원청 사업주의 책임을 묻기 어렵다는 사법부의 판결에 좌절하기도 했다.

또다시 서글프고 미안한 감정에 휩싸인다.

이미 10년 전에 노동자 건강권을 주제로 글을 썼으면 좋겠다는 주위의 당부가 있었지만 차일피일 미루었다. 노동자 건강권 활동에서 한 발 뺀 모양새가 된 이제야 글을 쓴다는 것이 마땅치 않고 미안하다. 그래도 지금껏 경험해 온 이야기를 정리하는 것으로도 척박한 노동자 건강권 지형에 조그마한 도움이 될지도 모른다고 스스로 위안하며 글을 썼다. 병원에서 건강검진 상담 업무를 하며 현장 노동자를 만나게 되면서 조금은 용기를 낼 수 있었다.

노동자의 건강을 위해 헌신하는 많은 활동가들이 이 책을 읽기를 희망한다. 다 알고 있는 이야기라고 생각할 수 있겠지만, 우리가 꿈꾸는 미래가 자본과 국가가 정한 틀에 갇히지 않고 모든 일하는 사람들의 건강권이 보편적 권리로 보장되고 차별 없이 건강한 삶을 누릴 수 있는 사회라는 것을 공유할 수만 있다면, 부족하나마 이 글에 의미를 부여할 수 있지 않을까 싶다.

예전부터 글쓰기가 매우 논쟁적이고 내용도 객관적 증거보다 나의 생각을 표현한 경우가 많아서 편하게 읽지 못하는 분도 있을지 모르겠다. 제시된 정책 대안을 받아들이기 어려운 분들도 있을 것이다. 그래도 이 책을 통해 독자들의 갑갑함이 조금이라도 해소될 수 있기를 소망한다.

나와 당신, 그리고 우리 주위의 모든 노동자는 차별 없이 건강해질 권리가 있고, 국가는 모든 노력을 기울여야 한다. 내가 여기서 말하고자 한 메시지의 전부다. 이 글에서 제안하고 있는 정책이나 내용은 전적으로 내 생각이니 글을 읽고 마음이 상하지 않았으면 좋겠다. 가고자 하는 방향이 같다면 가는 길의 차이에 대해 공감하고 공유하는 것도 불가능한 일은 아닐 테니까. 함께 가자, 이 길을!

참고문헌

『경향신문』. 2008/07/22. 「의료영리화, '주식회사 병원' 서민
　　의료환경 악화 불보듯」.
　　_____. 2020/12/24. 「'기업살인법' 만든 영국, 산재 적은 이유」.
고용노동부 보도자료. 2018/03/06. 「산재환자 비급여 치료비 부담 확
　　줄인다」.
구인회. 2008. 「한국복지국가의 성격과 전망」. 한국사회포럼 기획
　　워크숍.
구정완. 2008. 『주요 선진국의 근골격계질환예방제도 및 운영실태에
　　관한 연구』. 연구보고서. 인천: 한국산업안전공단
　　산업안전보건연구원.
〈국가통계포털〉(KOSIS). https://kosis.kr/index/index.do
김기식. 1999. 『산재통계 개선방안 연구』. 연구보고서. 인천:
　　한국산업안전공단 산업안전보건연구원.
김명희·김철웅·박형근·윤태호·임준. 2010. 『의료사유화의 불편한
　　진실』. 서울: 후마니타스.
김양호. 2014. 『고령사회에서의 노동능력 확보를 위한 재직 근로자의
　　건강관리 방안』. 인천: 산업안전보건연구원.
김연명. 2002. 『한국 복지국가 성격논쟁 I』. 서울: 인간과 복지.
김유선. 2019. 『한국 노동시장의 구조와 쟁점』. 서울:
　　한국노동사회연구소.
김창엽. 2019. 『건강의 공공성과 공공보건의료』. 파주: 한울아카데미.

김철웅. 2010.『병원 의료의 질에 대한 국제 비교 연구』. 연구보고서.
　　　서울: 전국보건의료산업노동조합.

대한예방의학회. 2021.『예방의학과 공중보건학』. 서울: 계축문화사.

〈매일노동뉴스〉. 2024/04/25.「근로복지공단의 자가당착적 변론의
　　　문제」.

〈메디칼타임즈〉. 2006/12/14.「서울대병원 등 빅5, 산재병원으로
　　　당연지정」.

보건복지부 보도자료. 2023/01/31.「필수의료 종합지원대책」.

여나금. 2019.『포괄적 의료보장 관리체계 도입방안 연구』.
　　　연구보고서. 원주: 건강보험심사평가원.

여유진·김미곤·김수정·박종현·백승호·이상호 등. 2017.『한국형
　　　복지모형 구축: 복지환경의 변화와 대안적 복지제도 연구』.
　　　연구보고서. 세종: 한국보건사회연구원.

유원섭. 2021.『국가 중심 만성질환관리체계 구축 방향 모색
　　　기초연구』. 연구보고서. 세종: 보건복지부.

이윤경·이선희·강은나·김세진·남궁은하·최유정. 2022.『2022년
　　　장기요양실태조사』. 연구보고서. 세종: 한국보건사회연구원.

임준. 2007.『국가안전관리 전략 수립을 위한 직업안전 연구』.
　　　연구보고서. 인천: 한국산업안전공단 산업안전보건연구원.

_____. 2013.『산재보험 미신고로 인한 건강보험 재정손실 규모 추정
　　　및 해결방안』. 연구보고서. 서울: 국회예산정책처.

_____. 2018.『건강생활지원센터 확충모형 개발 및 운영 효율화 방안
　　　연구』. 연구보고서. 세종: 보건복지부.

_____. 2019.『책임의료기관 지정 및 육성전략 연구』. 연구보고서.
　　　서울: 국립중앙의료원 공공보건의료센터.

_____. 2020.『건강 인센티브제 운영방안 및 중장기 발전방안 마련
　　　연구』. 연구보고서. 원주: 국민건강보험공단.

_____. 2022.「보건의료 패러다임 전환과 개혁」. 신광영·윤홍식 엮음.

『성공의 덫에서 벗어나기 2: 상생과 연대로 나아가는 길을
  찾아』. 서울: 후마니타스.
임준·한진옥. 2017.『보건의료인력 정책 및 인력 확보 방안』.
  연구보고서. 서울: 전국보건의료산업노동조합.
전혜숙의원실 보도자료. 2023/10/27.「건강보험료 장기 체납 76%가
  생계형 체납 … 8만여 명 의료 벼랑 끝 위기」.
정연. 2021.「고용형태 및 사업체 규모에 따른 노동자 건강불평등의
  현황과 정책과제」.『보건복지 이슈앤포커스』, 414호. 세종:
  한국보건사회연구원.
조영현. 2023.『2024년 보험산업 전망과 과제』. 보험연구원.
질병관리청. 2024.『2023 만성질환 현황과 이슈』.
프레드먼, 샌드라. 2009.『인권의 대전환』. 조효제 옮김. 서울: 교양인.
『한겨레』. 2021/02/23.「산재 '책임회피' 청문회… "노동자 불안전한
  행동" 탓한 현대중」.
_____. 2021/07/13.「건설업은 위험, 돌봄은 안전?… 성별 편견에
  가려진 여성 산재」.
_____. 2023/03/21.「한국인 행복도 OECD 최하위권」.
한신실. 2023.「중고령자의 산재보험 적용 실태 및 사각지대
  결정요인」. 제9회 국민노후보장패널 학술대회. 국민연금연구원.

Madeira, S. G., C. Fernandes, T. Paiva, C. S. Moreira, and D. Caldeira.
  2021. "The Impact of Different Types of Shift Work on Blood
  Pressure and Hypertension: A Systematic Review and
  Meta-Analysis." *International Journal of Environmental Research
  and Public Health*, 18,
  6738(https://doi.org/10.3390/ijerph18136738).
OSHA Statistics. 2022
Song, Y. M. and J. J. Byeon. 2000. "Excess mortality from avoidable

and non-avoidable causes in men of low socioeconomic status:
a prospective study in Korea." *Journal of Epidemiology &
Community Health,* 54.

US Bureau of Labor. 2020. "Workplace Violence in Healthcare,
2018." US Bureau of Labor Statistics.